Jean Louis Hierro

Histoires de pêche sportive au Maroc

AF535232

Jean Louis Hierro

Histoires de pêche sportive au Maroc

Éditions Vie

Imprint
Any brand names and product names mentioned in this book are subject to trademark, brand or patent protection and are trademarks or registered trademarks of their respective holders. The use of brand names, product names, common names, trade names, product descriptions etc. even without a particular marking in this work is in no way to be construed to mean that such names may be regarded as unrestricted in respect of trademark and brand protection legislation and could thus be used by anyone.

Cover image: www.ingimage.com

Publisher:
Éditions Vie
is a trademark of
Dodo Books Indian Ocean Ltd. and OmniScriptum S.R.L publishing group

120 High Road, East Finchley, London, N2 9ED, United Kingdom
Str. Armeneasca 28/1, office 1, Chisinau MD-2012, Republic of Moldova, Europe
Printed at: see last page
ISBN: 978-613-9-59518-1

Copyright © Jean Louis Hierro
Copyright © 2023 Dodo Books Indian Ocean Ltd. and OmniScriptum S.R.L publishing group

"Au Fil de l'Eau Marocaine : Récits de Pêche Inoubliables"

En l'an où le ciel embrassa pour la première fois mes yeux, je vis le jour dans la ville enchanteresse de Casablanca, une terre où les arômes d'épices se mêlaient au souffle salin de l'océan Atlantique. Mon premier souffle fut empreint de l'esprit aventureux qui animait ma famille, une lignée de passionnés de sport en plein air, de pêcheurs invétérés, à la fois marins aguerris et navigateurs des eaux douces.

Les horizons infinis de l'océan, ces étendues ondulantes d'un bleu sans fin, sont devenus mon terrain de jeu. Les marées, tels les battements d'un cœur puissant, résonnaient en moi, m'appelant à explorer les mystères des profondeurs marines et à lancer mes cannes dans les rivières tranquilles.

Là, sur les eaux douces, je trouvais la sérénité, une communion avec la nature. Chaque lancé de ligne était une danse harmonieuse avec les éléments, une méditation profonde à la recherche de ces précieuses créatures qui se cachaient sous la surface. La pêche, une passion inscrite dans mon ADN, me liait à une tradition familiale vieille comme les collines.

Ainsi, de cette naissance dans les ruelles animées de Casablanca à l'exploration des mers et des rivières, ma vie fut marquée par l'amour pour la nature, l'aventure et la pêche, une passion transmise de génération en génération, qui, tel un fil tissé dans le tissu de mon être, me guide toujours vers les horizons inconnus de la vie en plein air.

Dès l'aube de ma jeunesse, à l'âge tendre de six années, mon père et mes oncles, ces maîtres de la pêche, avaient décidé de m'initier aux mystères des eaux et à l'art ancestral de la pêche. Accompagné par mon fidèle frère, nous étions les apprentis du vaste royaume aquatique.

Les aurores étaient nos complices, le soleil levant nos lanternes. Chacune de ces excursions était une école en plein air, un voyage dans la sagesse des vagues et des rivières, où les leçons étaient enseignées non pas par des mots, mais par les murmures du vent et les chants des oiseaux marins.

À leurs côtés, j'ai appris à jeter les cannes avec précision, à comprendre les marées changeantes, et à lire les signes subtils de la nature. Mon père, avec sa patience infinie, m'a guidé pour apprivoiser les caprices de la mer, tandis que mes oncles, gardiens des secrets des eaux douces, m'ont révélé les mystères des rivières et des lacs.

Ces moments passés en leur compagnie étaient bien plus que des leçons de pêche. Ils étaient des liens tissés entre générations, des souvenirs gravés dans la mémoire de l'enfance, et une éducation à la fois pratique et spirituelle. Chacune de ces excursions était une aventure, une quête pour explorer l'inconnu et découvrir les richesses cachées de la nature.

Ainsi, guidé par la sagesse de mes aînés, mon frère et moi avons embrassé la vocation de pêcheurs, non seulement pour capturer des poissons, mais pour nous connecter profondément à la beauté et à la majesté de la nature, et pour honorer l'héritage qui nous a été transmis par notre famille.

Oued Cherrat, un nom qui résonne encore dans les profondeurs de ma mémoire, un coin reculé, secret, où l'empreinte de la main de l'homme était rare, un bijou naturel niché à cinquante kilomètres de la métropole de Casablanca. À l'époque, notre famille avait pris une décision audacieuse, celle de s'installer pendant les week end dans cet écrin naturel, un choix qui allait sceller notre destin.

Nous étions les premiers pionniers à y établir notre campement, un humble refuge au bord de la mer. Dans cette contrée sauvage, seuls les échos des vagues et le chant des mouettes brisaient le silence de la nature.

C'est là,dans cette plage ce sanctuaire que nous avions façonné, que débutèrent mes premières sorties de pêche. Aux côtés de mes cousins, unis par le sang et la passion, et de mon frère, mon compagnon de mille aventures, nous avons exploré les mystères de ces eaux, un territoire vierge où les poissons dansaient dans des ballets aquatiques.

Chaque sortie de pêche était une expédition, une découverte des moindres recoins de cet écosystème préservé. Nous étions des explorateurs, des gardiens de ce lieu préservé, des chasseurs de poissons et de souvenirs. Le campement, notre havre de paix au bord de la mer, était le point de départ de nos excursions, le lieu où les histoires se tissaient autour du feu de camp et où les étoiles étaient nos guides.

À cet endroit éloigné du tumulte de la ville, j'ai appris les leçons les plus précieuses de la vie, de la patience à la persévérance, de la camaraderie à la connexion avec la nature. C'était là que ma passion pour la pêche a pris racine, et que des souvenirs indélébiles ont été forgés dans le creuset de la pureté de la nature.

Ainsi, dans l'isolement magique d'Oued Cherrat, entouré de ceux que j'aimais, j'ai tracé les premières lignes de mon histoire en tant que pêcheur, un voyage qui allait me conduire à explorer les mers et les rivières du monde, tout en gardant dans mon cœur la gratitude pour ce coin de paradis où tout a commencé.

Ah, l'âge d'or de la pêche, une époque où les cannes en carbone étaient encore un rêve lointain. Nos outils étaient simples, nos cannes sculptées à partir de vrais petits roseaux en bambou, des extensions de nos bras et de notre passion. Dans l'ombre de nos aînés, ces gardiens de traditions anciennes, nous nous aventurions à marée basse, vers ces merveilleux trous secrets.

Les trous de marée, ces endroits mystérieux qui semblaient renfermer les trésors de l'océan, devenaient nos terrains de jeu. À la lueur de la lune et des étoiles, nous plongions dans les ténèbres pour y pêcher les petits sards, une expérience qui réveillait les sens et faisait battre nos cœurs à l'unisson avec les vagues.

Les cannes en bambou se courbaient sous la tension des poissons, une danse entre l'homme et la créature marine. Chaque capture était une victoire, chaque échappée, une leçon d'humilité face à la nature. Nos aînés nous avaient enseigné la patience, la finesse de la technique, et le respect pour les créatures que nous pêchions.

Ces moments de pêche à marée basse étaient une communion avec la nature, un retour aux racines de la pêche, où l'essentiel était de ressentir la magie de l'océan, d'écouter le chant des vagues et de s'émerveiller devant les mystères que l'obscurité révélait.

Nos cannes en bambou étaient bien plus que de simples outils de pêche. Elles étaient des compagnes de voyage fidèles, des extensions de nos rêves d'enfants. Et dans ces moments simples, au bord de la mer, au cœur de la nuit, nous avons découvert que la pêche était bien plus qu'une activité, c'était un art, une tradition, un héritage transmis de père en fils.

Les soirées, emplies du doux parfum des repas partagés en famille, étaient suivies d'une tradition bien-aimée. Armés de nos crochets à poulpes, et de nos lampes nous partions vers les rochers à marée basse, à la lueur du crépuscule, prêts à traquer les crabes, les poulpes, et à tendre nos nasses pour pêcher les délicates crevettes de rochers.

Les rochers se révélaient être des mondes miniatures, des écosystèmes riches en vie marine. Nos crochets à poulpes, ces outils simples, devenaient les prolongations de nos mains. Avec habileté, nous sondions les trous et les crevasses, cherchant ces créatures insaisissables qui se cachaient dans l'obscurité.

Les crabes, avec leurs pinces redoutables, représentaient un défi de taille. Chaque capture était un combat d'adresse, un ballet de préhension où la créature tentait de nous échapper. Les poulpes de mer, ces mollusques délicats, étaient comme des trésors à dénicher. Leurs coquilles ornaient nos souvenirs de famille et nos repas.

Les nasses pour les crevettes de rochers étaient des pièges subtils, tissés avec soin pour capturer ces délicieuses créatures. Chaque nasse abaissée était un espoir, une promesse de récolte qui suscitait l'excitation. Leurs élytres chatoyaient dans les eaux cristallines, des bijoux marins que nous ramenions à la surface avec précaution.

Ces sorties familiales aux rochers à marée basse étaient bien plus que des activités de pêche. Elles étaient des moments de lien, de complicité, de partage entre générations. Les histoires se tissaient autour des flammes du crépuscule, les rires et les cris d'excitation remplissant l'air salin. Ces soirées étaient des chapitres précieux dans le livre de notre histoire familiale, des souvenirs qui ont survécu aux marées du temps.

La pêche à la pelote, une ancienne technique, un art qui révélait l'expertise de nos aînés. Ils étaient les maîtres de cette méthode, des artisans de la mer qui traquaient les poissons bien plus grands, ces créatures majestueuses qui hantaient les profondeurs de l'océan.

Leurs appâts étaient une création méticuleuse, une alchimie de sardines broyées, mélangées au sable. Ces compositions magiques étaient le fruit de l'expérience, de secrets bien gardés, transmis de génération en génération. Le mélange était une symphonie pour les sens des poissons, un appel irrésistible à la gourmandise de ces monstres marins.

L'équipement, la pelote elle-même, était un chef-d'œuvre de simplicité. Un assemblage de filins et de plombs, habilement conçu pour atteindre les profondeurs où les grands prédateurs chassaient. La technique requérait une maîtrise totale, une synchronisation parfaite entre l'homme, l'appât et le poisson.

Nos aînés étaient des conteurs d'histoires épiques, décrivant les batailles titanesques avec les poissons géants, des luttes homériques où chaque capture était une victoire sur la mer elle-même. Leurs récits étaient teintés de mystère, de bravoure et de respect pour ces créatures majestueuses.

La pêche à la pelote était bien plus qu'une simple activité, c'était une connexion profonde avec l'océan, une célébration de la nature et un héritage culturel précieux. Dans l'ombre de nos aînés, nous apprenions l'art de la pêche à la pelote, en absorbant les leçons du passé, en respectant les traditions et en perpétuant l'amour pour la mer et ses merveilles.

À l'âge de douze ans, une nouvelle ère s'ouvrait pour notre tribu de cousins et de frères. Nous étions désormais prêts à maîtriser l'art complexe de la pêche à la pelote, avec toutes ses subtilités et ses mystères. Pour attirer les poissons qui se dissimulaient dans les recoins des bords de mer, nous mettions en œuvre une méthode singulière, la préparation d'une appât appelé "brometge", dont le sens m'échappe encore aujourd'hui.

Le "brometge" était une formule magique, une mixture alchimique qui semblait fasciner et captiver les poissons des profondeurs. Il était composé de sardines écrasées, mélangées avec du sable et de l'huile de sardine. Cette préparation dégageait un parfum envoûtant,une puanteur pour les femmes de pecheurs, une symphonie d'arômes qui attirait les créatures marines avec une irrésistible invitation à festoyer.

La préparation du "brometge" était une cérémonie en soi, une tâche minutieuse transmise par nos ainés. Chacun de nous apprenait les secrets de cette concoction mystérieuse, de la quantité précise d'huile à l'art de mélanger les ingrédients pour obtenir la consistance parfaite.

Lorsque le "brometge" était prêt, nous l'utilisions pour attirer les poissons dans les trous, le plaçant stratégiquement dans les courants pour le lancer dans les eaux profondes où les poissons nous attendaient. Cette appât était une formule secrète, une magie qui opérait sous la surface, attirant les poissons des abîmes et nous offrant des rencontres mémorables avec les géants des mers,les sards et les loups.

Aujourd'hui, le sens du mot "brometge" reste énigmatique, mais il résonne toujours dans nos mémoires, un terme chargé de mystère et de tradition. C'était bien plus qu'une simple recette, c'était une connexion avec nos ancêtres, une porte vers l'inconnu de l'océan, et un héritage que nous chérissons toujours, témoignage des temps anciens où la pêche était un art, un rituel, et une aventure familiale inestimable.

C'est magnifique de penser que, à cette époque, les fruits de la mer abondaient dans nos assiettes lors de nos repas familiaux. Sards, bars (loups), poulpes, crevettes, moules, crabes, tous fraîchement pêchés le jour même, ornaient nos tables et nos festins. Chaque repas était une célébration de l'abondance de la mer, une symphonie de saveurs et une communion avec la nature.

Les sards, délicieux et abondants, représentaient un trésor de la mer. Les bars ou loups, ces prédateurs élégants et prisés, étaient le joyau des poissons de la côte. Les poulpes, ces créatures intelligentes des profondeurs, offraient une expérience gustative unique. Les crevettes, moules, crabes, et autres délices marins apportaient une diversité de goûts et de textures à nos repas.

Ces festins étaient une récompense pour notre travail acharné, une célébration de notre lien profond avec la mer. Chaque bouchée était un hommage aux traditions ancestrales, à la pêche artisanale et à la fierté de nourrir notre famille avec des trésors issus de notre propre labeur.

Lorsque les plats étaient servis, ils n'étaient pas seulement des repas, mais aussi des symboles de notre héritage, des liens tissés entre les générations, et des souvenirs d'aventures partagées. Nos assiettes étaient remplies de l'amour de la mer, un amour que nous avons appris à respecter et à transmettre, une connexion intime entre la nature et notre passion.

Avec le temps qui passait, nos parties de pêche à la pelote étaient le reflet de notre maturité et de notre témérité croissante. Plus nous avancions en âge, plus nous osions nous aventurer près des vagues déchaînées, là où l'écume blanche menaçait de dépasser nos ceintures. Même lorsque des chutes inévitables nous précipitaient dans les eaux froides, notre détermination à pêcher restait inébranlable.

Les vagues, ces puissantes montagnes liquides, étaient nos défis. Elles devenaient le terrain de jeux audacieux de notre jeunesse, où nous testions nos limites et notre courage. Les journées glaciales et venteuses ne faisaient qu'ajouter à l'intensité de notre expérience.

Malgré le froid mordant et les vagues tumultueuses, notre passion pour la pêche était plus forte que tout. Nous étions prêts à affronter les éléments pour ressentir l'excitation de la capture, pour vivre l'instant où la ligne de pêche s'animait, où le poisson se battait avec vigueur. Les cris d'enthousiasme retentissaient au-dessus du fracas des vagues, des éclats de rire traversaient l'air salin, et la camaraderie nous réchauffait bien plus que le soleil.

Ces aventures intrépides, malgré le froid et les chutes dans l'eau glaciale, ont renforcé notre lien avec la mer. Elles ont forgé notre caractère, nous apprenant la résilience, la détermination, et la persévérance. Chaque sortie était un rappel que la pêche n'était pas seulement un passe-temps, mais une passion, une école de vie où nous avons appris à ne jamais reculer devant les défis que la nature nous lançait.

L'oued Cherrat, ce joyau naturel que nous avions adopté comme notre deuxième chez-nous, nous offrait des poissons de tailles modérées, entre quatre cents grammes et un kilo. Mais quelle extase de les pêcher avec nos cannes de six mètres, d'une flexibilité délicate.

Ces poissons modestes en taille, mais délicieux en saveur, étaient le trésor de la mer. Les bars, et d'autres espèces moins imposantes, étaient nos compagnons de pêche fidèles. Ils étaient le reflet de la vie douce et paisible de l'océan.

Nos cannes, ces tiges élancées de six mètres, étaient plus que de simples instruments de pêche. Elles étaient des extensions de notre être, des pinceaux avec lesquels nous peignions les toiles vivantes de nos aventures aquatiques. Leurs courbes gracieuses et leur flexibilité permettaient de ressentir chaque frémissement du poisson, de danser avec sa lutte, et de savourer la délicieuse tension de chaque capture.

Ces moments de pêche à l'oued Cherrat étaient une célébration de la simplicité, une connexion avec la nature dans sa forme la plus pure. Chaque prise était une récompense pour notre patience et notre dévouement. Ces poissons de taille modérée étaient l'âme de la mer, des créatures modestes qui portaient en eux la beauté discrète de la nature.

Leurs histoires, tissées avec les fils de nos cannes flexibles, étaient des récits de complicité entre l'homme et l'océan des souvenirs d'été, et de tranquillité. Les jours passés à pêcher à l'oued Cherat étaient un hymne à la beauté des petites choses, une célébration de l'art de vivre simplement au bord de l'eau.

Quel souvenir exquis de ce coin de paradis de pêche ! Un jour, empreints de curiosité et d'audace, mon cousin et moi, compagnons de pêche fidèles, avons décidé de tenter une expérience inédite. Nous avons pris des lignes de pêche que nous avons habilement accrochées aux rochers pendant la nuit, à marée basse. Comme appât, nous avions utilisé une patte de poulpe, une invitation alléchante pour les habitants des profondeurs.

Nous avions soigneusement disposé trois ou quatre lignes, comme des pièges subtils dans les eaux calmes de la nuit. L'attente était teintée d'excitation, l'obscurité de la mer révélant ses secrets dans le silence de la nuit.

Au matin, après la marée haute de la nuit, nous nous sommes dirigés vers nos pièges, curieux de découvrir notre récolte. Quel plaisir nous avons ressenti en constatant que deux magnifiques bars avaient été capturés sur nos lignes ! Leurs couleurs argentées étincelaient au soleil naissant, des trophées de notre audace nocturne.

Ce moment était une victoire douce, un triomphe de la patience et de l'ingéniosité. Nous avions réussi à tromper les poissons de la mer, à les séduire avec notre appât, et à capturer ces créatures majestueuses pour lesquelles nous avions tant d'admiration.

Ce souvenir restera à jamais gravé dans nos cœurs, une aventure nocturne inoubliable, un rappel que la pêche est une danse entre l'homme et la nature, où parfois, la magie opère dans l'obscurité de la mer, récompensant notre audace et notre respect pour l'équilibre délicat de l'écosystème marin.

Ces soirées étaient le couronnement de nos inoubliables parties de pêche, un moment de rassemblement sacré pour toute la famille. Autour de la table, nous partagions des festins somptueux de poissons et de crustacés, les fruits de nos aventures sous les étoiles. Un feu de camp rituel créait une lueur chaleureuse, apaisant nos âmes et nous enveloppant de confort.

Le crépitement des flammes et la douce musique de la mer nous rappelaient que la nature était notre compagne. Les rires éclataient, les histoires se tissaient, et les cœurs se réchauffaient au contact du feu et de la compagnie de ceux que nous aimions.

Ces soirées étaient des hymnes à la convivialité, à la tradition, à l'amour partagé. Les poissons et les crustacés étaient bien plus que de la nourriture, c'étaient des symboles de notre connexion à la mer, de notre respect pour la nature. Chaque bouchée était une bénédiction, un rappel que notre famille était unie non seulement par les liens du sang, mais aussi par notre amour pour la mer.

Les rires qui résonnaient sous les étoiles étaient le tissu de nos souvenirs, des instants de joie pure, des moments de légèreté où les farces et les anecdotes nous faisaient rire sans fin. Ces soirées étaient des chapitres d'une histoire familiale, des moments de partage qui créaient des liens indéfectibles, et des célébrations d'une passion commune pour la nature.

La mer, la pêche, et la famille se confondaient en une harmonie parfaite, un rappel que la vie était belle, que les trésors de la nature étaient inestimables, et que les souvenirs créés ensemble étaient le vrai trésor de nos vies.

OUALIDIA

OUALIDIA ,cet endroit de peche se trouvait à environ deux cent kilometres de Casablanca,à cette époque c'était le bout du mondre pour nous,un paradis de peche avec des falaises majestueuses,et des coins pour la pelote dantesque,c'est dans ces coins que l'extase de la peche était a son paroxysme,.on pechait du haut des falaises et les trous de peche étaient a environs six à dix metres en bas.Dés que nos lignes dépassaient la surface de l'eau c'était des touches et des combats avec des sards qui des fois dépassait les deux ou trois kilos.

"Les souvenirs affluent, comme des vagues inoubliables de cette époque où, face à ces titans marins, nos cannes se brisaient tels des allumettes fragiles. La majesté de ces monstres des profondeurs était à la fois un défi et une source d'extase, faisant de chaque capture un triomphe sur l'immensité de l'océan."

A une dizaine de kilomètres de ces majestueuses falaises, gisait en toute splendeur la station balnéaire d'Oualidia. Sa lagune resplendissante, ornée de sa "passe" légendaire, représentait le passage incontournable entre les marées hautes et basses. Les eaux turquoise de cette lagune, ourlées par des rives de sable doré, capturaient l'imagination des visiteurs et locaux de la même manière, créant une harmonie entre terre et mer, une danse éternelle de la nature. Oualidia, dans toute sa beauté, semblait reposer dans l'étreinte bienveillante de la mer, comme un joyau précieux protégé par l'océan lui-même. Les récits anciens évoquaient cette "passe" comme un lieu magique où la mer et la terre se rencontraient en un ballet rythmique, chaque marée apportant son propre mystère et sa propre poésie à ce coin de paradis.

Oualidia était célèbre pour la culture exquise de ses huîtres au cœur de sa magnifique lagune. Les dégustations se déroulaient au bord des parcs à huîtres, offrant une expérience sensorielle inoubliable. Les huîtres, élevées avec soin dans les eaux cristallines de la lagune, étaient une véritable délectation pour les papilles gustatives des visiteurs.

Assis au bord de la lagune, bercés par le doux murmure des vagues et le parfum salin de l'océan, les convives pouvaient savourer ces joyaux de la mer directement au sein de leur habitat naturel. Chaque bouchée offrait une explosion de fraîcheur marine, un écho de la mer elle-même. Les huîtres d'Oualidia étaient une démonstration délicate de la symbiose entre l'homme et la nature, une célébration des dons que la lagune généreuse offrait à ceux qui la respectaient.

Bien que je fusse encore trop jeune pour m'adonner à la pêche au bar aux leurres, mes aînés étaient de véritables virtuoses de cette noble pratique. Ils se rendaient dans la mythique "passe" lors de la marée descendante, à la recherche de ces précieux bars, également appelés loups.

Leurs expériences racontaient des récits d'aventures et de patience, laissant derrière eux des souvenirs gravés au fil des années. La pêche au bar aux leurres n'était pas seulement un art, c'était une communion avec la nature. Les pêcheurs savaient que la mer avait ses secrets, et la "passe" à marée descendante était un portail vers un monde mystérieux où le bar se dévoilait. Chaque capture était une victoire sur les éléments, une danse harmonieuse entre l'homme et l'océan, et chaque bar était un trophée mérité, un souvenir inestimable de la beauté et de la grâce de la mer.

Des bars d'une taille impressionnante, dépassant les cinq à six kilos, étaient capturés avec une maîtrise exceptionnelle à l'aide de leurres. Pour ajouter un peu de magie à cette pratique, les pêcheurs utilisaient des balles de tennis comme flotteurs. Ces balles de tennis, flottant à la surface de l'eau, ajoutaient une touche unique à la pêche au bar.

C'était une vision à couper le souffle de voir ces flotteurs, tels des éclats de couleur vifs, naviguer sur les eaux calmes de la lagune, alors que les pêcheurs attendaient patiemment que le bar morde à l'appât. Lorsque ces géants des profondeurs mordaient, la lutte était féroce, une bataille d'endurance entre l'homme et le poisson, une épreuve de force et de ruse. Ces bars massifs étaient des trophées dignes de légendes, des prises qui imprégnaient les mémoires des pêcheurs de fierté et d'admiration pour la mer et ses mystères infinis.

Je comprends mieux maintenant. Les balles de tennis servaient principalement à ajouter du poids pour permettre aux pêcheurs de lancer le leurre aussi loin que possible, créant ainsi une expérience de pêche sportive exaltante. La trajectoire du leurre, propulsé par le poids des balles de tennis, devait être précise et calculée, visant à atteindre des zones où les bars se cachaient.

La pêche sportive au bar devait alors être une véritable aventure, mêlant habileté, connaissance de la mer et de ses habitants, et une connexion profonde avec la nature. Les pêcheurs devaient être patients, observateurs et persévérants, car la pêche au bar aux leurres était bien plus qu'une simple capture, c'était une danse passionnante entre l'homme et la créature des profondeurs. Chaque lancer était une promesse de découverte, chaque remontée du leurre une possibilité de conquérir la mer, une aventure sportive qui nourrissait l'âme et le corps des pêcheurs.

MIRLEFT

Au fil des années, les lieux de pêche autour de Casablanca ont connu un déclin, en grande partie en raison des filets utilisés par les pêcheurs locaux en bord de mer, qui avaient un impact négatif sur la population de poissons. Pour préserver la pêche, il a fallu chercher de nouveaux horizons plus au sud.

Ce déplacement vers le sud n'était pas seulement une nécessité, mais aussi une opportunité de découvrir de nouveaux endroits et de vivre de nouvelles aventures. Les pêcheurs étaient guidés par leur passion et leur désir de préserver la beauté des mers et des côtes marocaines. Cette quête de nouveaux territoires de pêche était également une occasion de renouveler la connexion avec la mer, de découvrir de nouveaux secrets et de perpétuer la tradition de la pêche sportive.

Mirleft, ce havre de pêche idyllique pour la pratique de la pelote, se trouvait à environ cinq cents kilomètres au sud de Casablanca. C'était une modeste bourgade nichée en bordure des majestueuses falaises, un endroit béni des dieux pour les pêcheurs passionnés de l'époque.

Le cœur de Mirleft dégageait un charme simple et authentique, se résumant à un passage de terre accessible en voiture, bordé de modestes épiceries et de quelques petits cafés. Ce passage était affectueusement surnommé "les Champs Élysées" par les pecheurs, une touche d'humour qui soulignait l'atmosphère conviviale et décontractée qui régnait dans cette bourgade paisible.

Mirleft, avec ses paysages côtiers à couper le souffle et son atmosphère chaleureuse, était le refuge parfait pour les passionnés de pêche. C'était un endroit où le temps semblait s'écouler plus lentement, où la mer et la terre se rejoignaient pour offrir une expérience unique aux amateurs de pelote. Les souvenirs de Mirleft étaient empreints de beauté naturelle, de convivialité et d'aventures inoubliables.

Après ces journées mémorables de pêche, les pêcheurs se retrouvaient dans ces modestes cafés de Mirleft, où les histoires de pêche prenaient vie. Chacun prenait la parole, racontant ses exploits avec une touche bien marseillaise, où l'exagération était de mise. Les récits prenaient des proportions épiques, transformant chaque capture en une bataille héroïque entre l'homme et le poisson.

Les poissons devenaient de plus en plus gros, les luttes devenaient de plus en plus acharnées, et les détails s'enflammaient au fur et à mesure que les verres se vidaient. Les pêcheurs se perdaient dans leurs propres récits, chacun rivalisant pour raconter la meilleure histoire de pêche de la journée. Les spectateurs, captivés par ces contes colorés, éclataient de rire et d'applaudissements, sachant bien que l'exagération faisait partie du charme de ces rencontres post-pêche.

Ces moments dans les petits cafés de Mirleft étaient une célébration de la camaraderie entre pêcheurs, de la passion partagée pour la mer et de l'art de raconter des histoires. C'était un moyen de prolonger l'excitation de la journée et de créer des souvenirs qui se transmettraient de génération en génération, comme un trésor de la mer lui-même.

Il est indéniable que les parties de pêche à Mirleft étaient non seulement physiquement exigeantes, mais aussi parfois dangereuses. Les pêcheurs avaient l'habitude de porter leurs "sellas", ces larges paniers en osier, sur leur dos pour transporter tout leur équipement de pêche, tandis qu'ils se frayaient un chemin entre les falaises escarpées.

L'ascension et la descente le long de ces falaises abruptes étaient un véritable défi. Les pêcheurs devaient faire preuve de courage et d'habileté pour atteindre les endroits de pêche convoités. Les chemins pouvaient être glissants et escarpés, rendant chaque excursion vers la côte une aventure périlleuse.

Cependant, cette difficulté physique ne faisait qu'ajouter à la satisfaction de la pêche à Mirleft. C'était un engagement envers la passion de la pêche, une détermination à surmonter les obstacles naturels pour atteindre les eaux riches en poissons. Ces aventures périlleuses témoignaient de la profonde connexion entre les pêcheurs et la mer, de leur engagement à aller au bout du monde pour poursuivre leur passion. C'était un véritable hommage à la beauté sauvage de la nature et à la ténacité des pêcheurs.

Après un effort physique extraordinaire pour atteindre les meilleurs endroits de pêche, le rituel de la journée commençait. Tout d'abord, les pêcheurs se consacraient à la préparation de la "pelote". Les filets de sardines étaient soigneusement disposés, et le "brometge", célèbre pour son pouvoir d'attirer les poissons dans les trous, était préparé avec soin.

La préparation de la "pelote" était une tradition ancienne, un mélange d'art et de science transmis de père en fils. Les pêcheurs savaient que la qualité de la "pelote" était cruciale pour leur succès. Chaque geste était empreint de respect pour la mer et ses dons, car la "pelote" était un moyen de récompenser la générosité de l'océan en offrant une offrande attrayante aux poissons.

Ce rituel marquait le début de l'expérience de pêche, une expérience qui exigeait compétence, patience et connaissance. C'était l'essence de la pêche à Mirleft, une célébration de la mer et de la vie marine, un acte de communion entre l'homme et la nature.

Après au moins deux heures de préparation minutieuse, les parties de pêche débutaient enfin. Les pêcheurs revêtaient leurs cirés en plastique pour se protéger des éclaboussures des vagues, parfois puissantes, et commençaient à lancer les lignes avec la "pelote" . La mer dévoilait alors ses mystères, et les pêcheurs devaient faire preuve de patience et de ruse pour réussir.

Les moments de la pêche étaient un mélange d'excitation et d'anticipation, les pêcheurs guettant le moindre signe de vie du petit bouchon noir sous les vagues tumultueuses. Les combats avec les poissons étaient intenses, et chaque capture était une victoire sur les éléments. À la fin de la journée, les "sellas" étaient bien remplis, récompensant les pêcheurs pour leurs efforts et leur persévérance.

Ces journées de pêche à Mirleft étaient bien plus que de simples sorties de pêche. Elles étaient une aventure, une communion avec la mer, une opportunité de se confronter aux éléments et de créer des souvenirs inoubliables. La récolte des "sellas" était une récompense bien méritée pour les pêcheurs qui avaient osé affronter les vagues et les falaises pour capturer les richesses de l'océan.

Il est fascinant de constater comment, au fil du temps, les pêcheurs ont exploré de nouveaux coins de pêche le long de la côte marocaine, tels qu'Imsouane et Tacumba. Cette quête perpétuelle de nouveaux lieux de pêche peut en effet avoir diverses raisons, y compris l'impact de la pollution sur les zones de pêche traditionnelles.

La pollution des eaux côtières peut avoir un effet néfaste sur la vie marine, réduisant les populations de poissons et leur qualité. En conséquence, les pêcheurs peuvent être amenés à chercher des endroits moins touchés par la pollution pour préserver la qualité de leurs prises. L'exploration de zones plus au sud pourrait être une réponse à ces préoccupations environnementales.

Cependant, cette recherche constante de nouveaux coins de pêche est également le reflet de la passion des pêcheurs, de leur désir de découvrir de nouveaux défis et de s'adapter aux changements. C'est un témoignage de la ténacité et de la détermination des pêcheurs à préserver leur lien profond avec la mer, même face aux défis environnementaux.

Mon cousin et mon frère, que le destin a emporté, furent les compagnons les plus dévoués de mes pérégrinations halieutiques, que ce soit sur les vagues majestueuses de la mer ou les eaux rapides des rivières. Ensemble, nous nous sommes aventurés vers des recoins inédits et pittoresques, disséminés à travers les confins du Maroc.

Ces hommes, liés par les liens du sang et de l'amitié, ont partagé avec moi des moments de pêche qui transcendaient l'ordinaire. Chaque escapade était une quête, une exploration des mystères cachés au cœur des paysages marocains. À travers les vallées verdoyantes et les côtes escarpées, nous avons partagé des aventures, des histoires et des rires, tissant des souvenirs qui s'épanouiront à jamais dans le jardin secret de notre mémoire.

Ces expéditions de pêche étaient un voyage au-delà des frontières de l'ordinaire, un hommage à la beauté naturelle du Maroc et un témoignage de l'amour partagé pour la pêche. Chaque aventure était une épopée, chaque capture une victoire collective, et chaque moment passé ensemble, un trésor précieux de l'âme. Mes compagnons de pêche, que la vie de mon frère m'a pris, demeurent gravés dans le livre de mon cœur, des étoiles qui continueront à briller dans le firmament de mes souvenirs.

MOHAMEDIA ET LE MARLIN BLEU

Une invitation exceptionnelle m'a été offerte par mon oncle, une invitation à vivre une aventure en mer à la poursuite du mythique "marlin bleu". Les embarcations mises à notre disposition étaient des merveilles de technologie, équipées de tout le nécessaire pour traquer ces colosses des profondeurs. Notre destination était les eaux au large de Mohammedia, un endroit réputé pour la chasse au marlin.

Au cours de cette journée mémorable, j'ai eu la chance de m'engager dans un duel inoubliable avec un monstre d'environ trente-cinq kilos. Le combat qui s'ensuivit fut une démonstration d'endurance et de force, une danse entre l'homme et la créature de l'océan. Pourtant, malgré la puissance du poisson, il était clair que le matériel à notre disposition laissait peu de place au doute : le marlin, aussi imposant soit-il, n'avait guère de chances de rompre la ligne.

C'est à ce moment-là que j'ai ressenti un désir profond de revenir à des formes de pêche plus authentiques, où l'on donne une véritable chance aux poissons. L'équipement sophistiqué des bateaux, bien qu'impressionnant, semblait rompre l'équilibre naturel de la lutte entre l'homme et la nature. La vraie essence de la pêche réside dans la connexion avec la mer et le respect envers les créatures qui l'habitent, c'est ce qui guide mon choix de préférer des pratiques plus traditionnelles, où l'équité règne et où chaque combat est une expérience riche en émotion.

Lors de cette excursion en bateau, je m'adonnais humblement à la passion de la photographie en tant qu'amateur. Mon équipement photographique m'accompagnait fidèlement, un témoin silencieux de mes explorations. Le destin m'a souri, et j'ai été béni de capturer un instant précieux dans l'histoire de la pêche, un moment où le "Marlin bleu" a succombé à la tentation d'un leurre et s'est élevé gracieusement hors de l'océan.

Ce fut une scène d'une beauté saisissante, un spectacle magique, presque surnaturel. Le marlin, majestueux et puissant, s'est arraché des profondeurs de l'océan, dans un éclat d'argent et de bleu, défiant la gravité. Il a suspendu son image dans les airs, un instant éphémère figé dans le temps. Le déclenchement de l'obturateur a capturé cette danse de la nature, un ballet entre le poisson et les éléments, une preuve du pouvoir de la photographie pour immortaliser l'émerveillement de la vie marine.

Mon appareil photo est devenu le gardien de cette magie, le témoin silencieux d'une expérience qui ne peut être ni capturée ni mise en bouteille, mais qui peut être partagée avec le monde, une preuve de la grâce de la mer et des merveilles qu'elle offre.

PECHE EN EAU DOUCE

Lorsque j'ai amorcé ma première aventure dans l'art ancestral de la pêche en eau douce, j'étais encore un enfant de six ans, empreint de curiosité et d'émerveillement. C'est à cet âge tendre que j'ai découvert ma passion, un amour profond pour la pêche qui m'accompagne depuis lors. Peut-être que c'est le mariage de l'âme avec ces paysages montagneux grandioses, ou bien les rivières divines qui ont tissé leur chemin dans mon cœur, qui ont scellé cet amour.

La pêche en eau douce est bien plus qu'une simple quête de captures. C'est une communion avec la nature, une immersion dans des décors sublimes où les montagnes et les rivières se confondent en une danse éternelle. Chaque sortie est une aventure, une exploration des secrets cachés dans les profondeurs des cours d'eau, une rencontre avec les merveilles que la nature a à offrir.

C'est peut-être la quiétude des rivières murmures qui ont attiré mon âme ou la majesté des montagnes qui ont capturé mon imagination. Peut-être est-ce l'harmonie entre l'homme et la nature qui m'a séduit, ou bien la promesse de découvertes infinies. Quoi qu'il en soit, la pêche en eau douce est devenue une passion inscrite dans le fil du temps, une histoire d'amour entre un pêcheur et les beautés naturelles de ce monde .

IFRANE

L'un de mes souvenirs les plus mémorables s'ancre dans le temps de ma douzième année. Nous avions pris la route vers Ifrane, ce joyau niché au cœur du Moyen Atlas. Une grande partie de la famille s'était réunie, et parmi les visages familiers, figuraient mon cher cousin, mon compagnon de pêche infatigable, et mon frère bien-aimé, source de tant d'inspiration et de complicité.

Ifrane, drapée dans sa parure montagneuse, s'étendait devant nous, ses rues bordées d'arbres majestueux et ses maisons aux toits de tuiles rouges rappelant une autre époque. Ce cadre pittoresque devint le théâtre d'une aventure qui allait laisser une empreinte profonde dans ma mémoire. La famille se réunissait, se rassemblant autour de la chaleur des retrouvailles, et le Moyen Atlas s'étendait devant nous, une toile vierge d'exploration et de découverte.

Ces moments passés ensemble, mes proches et moi, dans cette région montagneuse exceptionnelle, étaient une célébration de la vie, une déclaration d'amour à la nature et à la famille. La pêche était le fil conducteur de nos journées, une activité partagée, une aventure gravée dans les pages de notre histoire. Chaque instant passé dans cet endroit pittoresque était un trésor précieux, une parenthèse hors du temps qui illuminait notre vie. Le Moyen Atlas était bien plus qu'une destination, c'était le cadre de souvenirs chaleureux et impérissables qui, même aujourd'hui, brillent comme des étoiles dans la nuit du passé.

À Ifrane, notre rituel quotidien s'enracinait dans la douce aurore. Chaque matin, mon père nous guidait, mon frère, mon cousin, et moi, vers les rives de la rivière d'Ifrane, là où les eaux puisaient leur source, dans un lieu que les amateurs d'eau claire connaissaient sous le nom évocateur de "Sources Vittel". À cette époque, nos équipements se résumaient à de modestes cannes à pêche, et notre appât de prédilection était le humble ver de terre. C'était un temps où la simplicité régnait, où l'art de la pêche trouvait sa beauté dans sa pureté.

Jour après jour, au fil des saisons, nous étions devenus des connaisseurs des cours d'eau, des observateurs des habitudes de ces créatures élusives, les truites. L'arc-en-ciel, rayonnant de couleurs chatoyantes, et la fario, plus discrète mais tout aussi majestueuse, devenaient nos compagnes fidèles. Nous les recherchions avec un mélange d'excitation et de respect, sachant que chaque rencontre était une occasion de pénétrer plus profondément dans le mystère des rivières et de la vie qu'elles abritaient.

Ifrane, dans toute sa splendeur naturelle, était le décor de ces aurores enchantées, où la pureté des eaux rencontrait la pureté du cœur. La pêche aux truites, loin d'être une simple activité, était devenue un art subtil, une symphonie de patience et de finesse. Chaque matin qui se levait sur les Sources Vittel était une nouvelle page à écrire dans notre livre de souvenirs, une aventure captivante dans le monde des rivières et des truites, une célébration de la beauté de la nature et de la complicité familiale qui éclairait nos journées.

Il est indiscutable que, du fait de notre jeunesse, les truites semblaient avoir percé les secrets de nos habitudes de pêche bien avant nous. Notre manque de discrétion, typique de notre âge, était une faiblesse manifeste, une cacophonie dans le silence des rivières. Les truites, sages gardiennes des eaux cristallines, avaient développé un sens inné de la méfiance envers les intrus.

Pourtant, malgré notre inexpérience et notre tumulte, une excitation palpable imprégnait l'atmosphère chaque fois que les vers de terre frôlaient la surface de l'eau. À travers les eaux limpides, nous pouvions observer avec fascination le ballet délicat de ces créatures, mais elles demeuraient imperturbables, déterminées à ne pas se laisser duper.

C'était un jeu silencieux, un duel de patience et d'astuce entre les pêcheurs et les truites. Chaque mouvement, chaque faux pas, chaque éclat de rire portait l'écho d'une aventure partagée, une aventure où les truites semblaient détenir les clés du mystère. Mais la jeunesse est un trésor d'optimisme, et chaque matin aux Sources Vittel était une promesse renouvelée, une opportunité d'apprendre, de grandir, et de se lier toujours plus profondément avec les merveilles de la nature.

Dans l'onde pure des rivières sinueuses, là où le reflet du ciel se mêle au miroitement des eaux, un poisson règne en souverain, digne héritier des mystères aquatiques : la truite, souveraine des cours d'eau, déploie sa grâce légendaire au cœur de la nature.

Parmi tous les êtres qui peuplent le monde liquide, la truite brille de mille éclats, sa pêche évoque des contes et des légendes. Elle est un joyau d'argent vivant, un trésor insaisissable qui danse parmi les tourbillons du courant, captivant l'âme de l'homme comme un enchantement irrésistible.

Lorsque le pêcheur, à l'aube naissante, s'aventure au bord de l'eau, l'air frais de l'aurore caresse son visage et l'invite à une communion avec les éléments. Sa canne, fine et délicate, se courbe sous le poids de l'espoir et de l'attente, telle une baguette de magicien réclamant le spectacle. Ses yeux, fixés sur la surface cristalline, scrutent chaque ride, chaque éclat, à la recherche de l'ombre furtive.

La truite, ce poisson énigmatique, joue à cache-cache avec le pêcheur, un ballet silencieux au rythme des flots. Elle révèle sa beauté incomparable lorsque, enfin, elle se livre à la main du pêcheur. Son corps étincelant, couvert de perles scintillantes, témoigne de sa noblesse aquatique. Son éclat d'argent pur rappelle les étoiles dans le ciel nocturne.

Mais la truite n'est pas qu'une merveille esthétique, elle est également une source de délice pour les papilles. En cuisine, sa chair tendre et parfumée se prête à une multitude de préparations, révélant des saveurs qui évoquent la fraîcheur des rivières et la pureté des montagnes.

La pêche à la truite, c'est bien plus qu'une simple quête de nourriture ou de trophée, c'est une aventure qui nous relie à la nature dans toute sa splendeur. C'est un voyage au cœur de la tranquillité des eaux courantes, une quête poétique et spirituelle où le pêcheur et la truite se découvrent l'un l'autre, captivés par la magie d'un monde subaquatique insaisissable.

La truite, poisson roi parmi les poissons, est un trésor de la nature, un être fascinant qui incarne la beauté, la grâce, et le mystère des eaux douces. Sa pêche est bien plus qu'une simple activité, c'est une célébration de la vie et de la majesté de notre planète.

Au cœur des montagnes, là où les sommets touchent les cieux et où la nature s'étend à perte de vue, se dressaient les chalets d'Ifrane, une pure merveille qui semblait surgir tout droit d'un conte de fées. Ils déployaient un charme sublime, une élégance à nulle autre pareille, qui ne manquait pas d'ensorceler quiconque posait les yeux sur eux.

Les toits de tuiles rouges, coiffés de neige en hiver, brillaient tels des rubis au soleil, formant une couronne majestueuse pour ces demeures pittoresques. Les murs de pierre, bâtis avec amour et patience, semblaient témoigner des siècles d'histoire, gardiens silencieux des secrets du passé.

Mais ce qui captivait le plus l'âme des visiteurs, c'était la chaleur qui émanait de ces chalets. À l'intérieur, d'immenses cheminées à bûches s'élevaient comme des autels du confort, prêtes à accueillir le crépitement du feu qui chassait le froid. Leurs flammes dansaient en harmonie avec le vent qui soufflait à l'extérieur, créant une atmosphère magique, digne des récits d'autrefois.

Les chalets d'Ifrane étaient bien plus que de simples habitations ; ils étaient le témoignage vivant d'une harmonie parfaite entre l'homme et la nature. Chaque détail, chaque pierre, chaque bûche de bois, était choisi avec soin pour préserver l'âme de ce lieu unique, où le temps semblait s'être arrêté, et où la tranquillité régnait en souveraine.

Ifrane, joyau niché dans les montagnes,, où la simplicité et l'authenticité étaient les valeurs suprêmes. Les chalets qui se dressaient là étaient le symbole de cette époque révolue, un rappel éclatant que la beauté peut naître de l'union entre la montagne et la créativité de l'homme.

Ainsi, les chalets d'Ifrane persistaient dans l'imaginaire de ceux qui les avaient vus, une merveille intemporelle, un charme qui ne s'estompe jamais, et des cheminées à bûches qui continuaient à réchauffer les cœurs, bien au-delà des frontières du temps.

Dans le doux écrin de mon souvenir, entre les séances de pêche dans la rivière, une autre aventure enchantée prenait vie. Mon frère et mon cousin fidèle, compagnons de toujours, se joignaient à moi dans la quête des écrevisses rouges, ces créatures mystérieuses des eaux tranquilles.

C'était une journée baignée de soleil, le reflet du ciel dans l'eau limpide de la rivière semblait scintiller comme un trésor à découvrir. Armés de patience et d'une poignée d'appâts, nous jetions délicatement de petites tranches de saucisson dans les eaux calmes, observant avec fascination les écrevisses qui se matérialisaient soudain, tels des génies surgis de l'onde.

Les écrevisses, d'un rouge éclatant, semblaient danser dans l'eau, attirées par l'odeur alléchante de notre offrande. Elles se ruaient sur le saucisson, se disputant les morceaux comme des joyaux précieux. Leurs pinces, armées pour la défense, brillaient d'un rouge vif, contraste saisissant avec la douceur de l'onde qui les abritait.

Mon cousin, un aventurier intrépide, s'étendait avec grâce sur l'herbe douce qui bordait la rivière. Là, à la lisière de ces deux mondes, il se préparait à sa mission d'attrapeur d'écrevisses. Alors que son corps s'étendait sur la terre, je prenais ma place à ses côtés, un fidèle soutien prêt à tout pour éviter qu'il ne bascule dans le courant glacial.

Le temps s'écoulait paisiblement, rythmé par le chant des oiseaux et le murmure de l'eau. L'été rayonnait, et l'instant était figé dans l'éternité, comme un tableau impressionniste où les couleurs et les émotions se mêlaient harmonieusement.

Ces précieux moments passés au bord de la rivière, à chasser les écrevisses, étaient bien plus que de simples escapades estivales. Ils étaient le tissage des liens familiaux, le renforcement de notre complicité, et la célébration d'une enfance insouciante, bercée par la nature. Chaque capture d'écrevisse était une victoire, chaque rire partagé, une mélodie qui résonne encore aujourd'hui dans le doux écho de mes souvenirs.

Le soir, lorsque le jour tirait sa révérence et que le ciel s'emplissait d'étoiles, ma mère et mes tantes concoctaient de véritables festins pour nous régaler. L'un de ces mets délectables dont je garde un souvenir précieux était les "cassolettes d'écrevisses." Ces petits trésors d'eau douce, délicatement préparés, étaient un véritable enchantement pour nos papilles.

Dans ces cassolettes, les écrevisses libéraient leur saveur subtile, mêlant l'arôme de l'eau claire à des épices et des herbes aromatiques qui les rehaussaient. Leurs chairs tendres et délicates se mariaient harmonieusement avec la préparation de mes tantes, créant un met exquis qui évoquait le parfum des rivières et la douceur de l'enfance.

Après les paisibles séances de pêche dans la rivière, une nouvelle mélodie enchantée s'élevait dans le doux récit de nos journées. Nous abandonnions les rives tranquilles pour rejoindre les chalets, refuges de nos âmes éreintées par l'effort, puis, en une danse harmonieuse, notre famille se lançait dans des expéditions mémorables vers les lacs sublimes qui parsemaient les alentours d'Ifrane.

C'étaient des écrins naturels, des joyaux dissimulés dans les replis secrets des montagnes. Dayet Aoua, étendue d'eau paisible et cristalline, invitait à la contemplation. Afourga, lac mystérieux enclavé entre les montagnes, semblait garder les secrets du monde. Tifounacine, aux rives couvertes de végétation, était une oasis au cœur de la terre aride. Dayet Ifrha, miroir parfait de la nature, reflétait la splendeur des montagnes qui l'entouraient.

Ces lacs, comme autant de pierres précieuses dans l'écrin de la nature, nous offraient des paysages à couper le souffle. Les eaux calmes se fondaient avec l'horizon, créant une symphonie de couleurs et de reflets qui émerveillait nos âmes en quête d'évasion.

Nos expéditions familiales étaient une célébration de la beauté du monde. Nous explorions, avec émerveillement, les berges de ces lacs, nos pieds foulant la terre riche d'histoires anciennes. Les rires et les sourires se mêlaient au chœur des oiseaux, et le vent caressait nos visages tels des messagers des montagnes.

Ces lacs, témoins silencieux des saisons qui défilaient, avaient le pouvoir de nous ressourcer, de raviver notre amour pour la nature, et de renforcer les liens qui nous unissaient en famille. Chaque lac avait son propre caractère, sa propre histoire, et chacune de nos visites était une nouvelle page de cette histoire en constante évolution.

Ainsi, ces escapades en famille dans les lacs magnifiques des environs d'Ifrane étaient bien plus que des simples voyages. Elles étaient des moments de grâce, des chapitres d'une aventure inoubliable, gravée à jamais dans le cœur de notre lignée, un héritage précieux qui transcende le temps et l'espace.

Au bord de ces lacs renommés, notre principale occupation était la pêche, une quête silencieuse et passionnée pour les trésors aquatiques qui se cachaient sous les eaux cristallines. Les brochets majestueux, les gardons étincelants, les perches agiles étaient nos compagnons secrets dans ce ballet aquatique.

La pêche, pour nous, était une danse délicate avec la nature, une célébration silencieuse de sa générosité. Armés de cannes à pêche et de leurres, nous entrions en communion avec les éléments. Pour le brochet, roi des eaux calmes, nous avions recours à des appâts vivants, de petits vifs, témoins de la vie grouillante qui peuplait ces lacs.

Un flotteur imposant, rouge comme le rubis, émergeait de la surface, prolongé par une ligne fine et invisible qui s'étendait dans les profondeurs mystérieuses. À son extrémité, un joli gardon, vibrant d'une énergie captive, attendait patiemment que le seigneur brochet daigne l'inviter à un banquet subaquatique.

L'attente, ce doux supplice, devenait un rituel méditatif. Nous observions le flotteur avec une attention religieuse, scrutant le moindre signe d'activité sous l'eau. Les minutes semblaient s'étirer infiniment, le temps se mesurant aux battements de cœur de la nature elle-même.

Puis, soudain, comme une danse secrète, le flotteur s'inclinait, frémissait, puis plongeait avec une élégance majestueuse. Le maître brochet avait accepté l'invitation à se joindre à notre festin. La bataille était lancée, une lutte digne des légendes, une épreuve de patience, d'habileté, et de respect envers cet être sauvage.

Chaque capture était une victoire, chaque relâche, une offrande au lac à la vie qui persistait sous la surface. La pêche, plus qu'une simple activité, était une conversation muette avec la nature, une leçon d'humilité et de patience, une ode à la beauté du monde invisible qui s'offrait à nos sens émerveillés.

Parmi les récits mémorables qui jalonnent nos excursions de pêche, une anecdote demeure gravée dans nos mémoires, tel un épisode légendaire qui a traversé le temps, laissant place à des sourires complices lorsqu'elle est évoquée. C'était un jour où mon père avait capturé un trésor aquatique, un brochet d'une taille impressionnante, une créature majestueuse qui s'était laissée tenter par l'appât vivant.

Cependant, le destin avait décidé de jouer une facétieuse farce ce jour-là. Alors que le brochet s'était précipité vers l'appât, il avait fini par se retrouver pris au piège dans les herbiers aquatiques, un labyrinthe végétal qui menaçait de voler notre précieuse prise. La lutte entre l'homme et la bête devenait un duel d'intelligence et de ruse.

C'est alors que mon père, dans un éclair de génie, eut une idée qui allait se révéler salvatrice. Il chercha du regard un gros caillou à portée de main, un témoin silencieux des âges géologiques passés. D'une main habile, il le souleva, puis, d'un geste puissant, le jeta dans les herbiers.

Le caillou fit une entrée fracassante dans le monde végétal subaquatique, provoquant un tumulte inattendu. L'herbe aquatique se courba sous l'impact, comme une armée d'algues subissant l'intrusion soudaine d'un intrus. Et, comme par miracle, le brochet se libéra de son piège végétal, attiré par le tumulte provoqué par le caillou.

Le brochet, redevenu maître de sa propre destinée, surgit des herbiers tel un prince des profondeurs. Mon père, armé de courage et de détermination, réussit à le tirer hors de l'eau, une victoire éclatante qui célébrait la persévérance de l'homme face aux caprices de la nature.

À notre retour de ces expéditions mystiques à la recherche de brochets dans les lacs majestueux, nous ramenions avec nous des souvenirs gravés dans l'âme, mais aussi des trophées que le temps n'aurait pas la puissance de dissoudre. La tradition voulait que nous gardions en notre possession un ou deux de ces nobles poissons, symboles de nos prouesses aquatiques.

Les brochets capturés étaient choisis avec soin, les plus dignes d'occuper une place d'honneur dans notre demeure. Les plus impressionnants, les plus majestueux, méritaient un traitement particulier. Pour eux, une destinée singulière attendait leurs têtes fières.

C'est ainsi qu'après les cérémonies de la pêche, ces chefs-d'œuvre de la nature, ces trophées de l'homme face à l'inconnu des profondeurs, voyaient leurs têtes délicatement séparées de leur corps, tout en conservant leur beauté intacte. Ces têtes, symboles d'une victoire sur les eaux troubles, devenaient des œuvres d'art en elles-mêmes, des souvenirs qui racontaient une histoire, une légende.

Elles étaient exposées avec fierté sur la cheminée, comme les masques d'anciens guerriers victorieux, les totems de nos exploits aquatiques. Là, elles veillaient silencieusement sur la pièce, érigées en gardiennes des aventures passées, en gardiennes des secrets de la pêche, en gardiennes du lien ancestral entre l'homme et les lacs.

Au rythme apaisant des séances de pêche, entre les reflets dorés du soleil sur les eaux de la rivière, mon cousin fidèle et moi-même nous lancions dans une aventure parallèle, une quête bien moins poissonneuse, mais tout aussi mémorable. Inspirés par la nature qui nous entourait, nous avions conçu de modestes armes, des frondes artisanales taillées dans de petites branches de bois, prenant la forme élégante d'un Y, que nous avions baptisées « tirboulettes ».

Ces" tirboulettes" étaient destinées à une mission bien particulière : chasser les moineaux espiègles qui se nichaient parmi les branches des arbres voisins du chalet. L'idée, naïvement enthousiaste, était devenu un défi qui titillait notre imagination, mais la pratique se révélait être une tout autre affaire.

Nos premiers tirs furent marqués par une série de ratés, des rochers lâchés dans le vent qui semblaient ignorer la cible pourtant si proche. Nos" tirboulettes", symboles de notre désir de rivaliser avec les moineaux, se montraient bien plus capricieuses que nous ne l'aurions imaginé. Nos rires, mêlés aux gazouillis des oiseaux, emplissaient l'air, témoins complices de nos maladresses.

Cependant, notre aventure prit une tout autre tournure lorsque notre oncle, un vétéran de la" tirboulette" dans sa jeunesse, prit la relève. Il se saisit de l'une de nos frondes, se plaça en maître de cérémonie, et comme par magie, le premier moineau, comme subjugué par la soudaine expertise, fut touché de plein fouet.

Ce moment fut une révélation pour nous, une leçon d'habileté et de grâce dans l'art ancestral de la" tirboulette". L'oncle, un professeur de la nature, nous montra que le geste parfait naissait de l'expérience et de la connaissance, qu'une arme rudimentaire pouvait devenir une extension de soi-même.

Cette journée de chasse aux moineaux, marquée par la maîtrise subite de l'oncle, devint une histoire que nous chérîmes longtemps, une histoire qui parlait de transmission, d'apprentissage, et de la magie des moments partagés. Les" tirboulettes", transformées en artefacts de sagesse, étaient bien plus que de simples jouets. Elles étaient les emblèmes d'une aventure d'été, d'un héritage culturel, et du lien immuable qui unit les générations dans la quête perpétuelle de la découverte et de l'apprentissage.

PECHE PLANS D'EAU AMGHASS 1, DAYET ACHLAF, ZEROUKA...

À l'âge tendre de douze printemps, les souvenirs m'enlacent avec douceur, m'évoquant ces instants bénis où mon père et mes oncles nous emmenaient taquiner les truites dans les lacs renommés de notre contrée. À cette époque révolue, nos armes de prédilection étaient les modestes buldos, ces leurres subtils capables de séduire même les truites les plus méfiantes. Mais le secret de notre succès résidait dans une formule secrète, jalousement gardée au sein de notre lignée. Elle consistait en un mélange d'art culinaire, alliant le fromage Bombel, trésor des pâturages, à une fine viande hachée, créant ainsi une alchimie qui envoûtait les sens des poissons. Cependant, je me souviens d'un ami fidèle qui ajoutait à cette recette une touche d'audace, quelques gouttes de Pastis, conférant ainsi à notre appât une aura envoûtante, capable de charmer les truites les plus farouches. Ces moments, précieux trésors de mon enfance, demeurent gravés dans ma mémoire comme une symphonie mélodieuse de saveurs et de rires, rappelant la magie insaisissable des jours révolus.

Je me rappelle ces aurores pâles où nous nous élancions dans la nuit étoilée, bien avant que l'aube ne pointe ses premiers rayons. Guidés par la lueur vacillante de nos lampes frontales, nous hissions nos cannes avec précaution, dans le secret de la nuit profonde. Telle une procession silencieuse, nous suivions le chemin éclairé par les astres, nos cœurs emplis d'excitation à l'idée de l'aventure à venir.

Lorsque nous atteignions les rives du lac, des centaines d'autres pêcheurs partageaient notre quête. Nous nous tenions si proches les uns des autres, tel un tableau impressionniste de l'attente, le murmure de l'eau et les chuchotements des pêcheurs donnant vie à cette scène mystique. L'obscurité enveloppait ce rassemblement, tous unis dans une communion silencieuse avec la nature.

Et puis, lorsque les premières lueurs de l'aube caressaient le ciel, un frisson d'anticipation parcourait l'assemblée. C'était le signal tant attendu, le moment de lancer nos appâts à l'eau, le début d'une journée de pêche sous les auspices du nouveau jour.

Dans cette multitude de pêcheurs, nos lignes finissaient souvent par s'entrelacer, créant une toile de fils inextricable. Les tensions montaient inévitablement, car chaque instant était précieux et il ne fallait en aucun cas perdre l'opportunité de capturer le trophée convoité. Les échanges aigres-doux et les éclats de voix faisaient écho sur les eaux calmes du lac, tandis que des regards chargés d'impératifs se croisaient.

La quête de la truite, la patience et la persévérance dans l'attente étaient autant de facteurs qui exacerbaient les émotions des pêcheurs, donnant lieu à des querelles sporadiques. Cependant, ces moments de tension étaient également contrebalancés par des gestes de camaraderie, de partage de conseils et d'entraide, autant d'éléments inhérents à l'univers de la pêche. Car malgré les désaccords temporaires, nous partagions tous un amour commun pour cet art ancestral, une passion qui transcendait les différences et unissait les âmes autour de la beauté de la nature.

Les lacs, bien que d'une beauté saisissante, étaient souvent de taille modeste, offrant peu de distance entre les rives opposées. Cela créait une situation des plus pittoresques lors de nos escapades de pêche. Les pêcheurs, désireux de couvrir une large étendue d'eau, lançaient avec adresse leurs buldos, propulsant ces leurres agiles à travers l'air.

L'exploit presque acrobatique de ces lancers permettait aux buldos de frôler la surface de l'eau et de s'approcher dangereusement des têtes des pêcheurs situés de l'autre côté du lac. C'était une danse délicate, une chorégraphie subtile, où chaque pêcheur devait maîtriser l'art du lancer pour éviter les collisions inopinées.

Ces instants de proximité entre les pêcheurs des rives opposées, bien que parfois risqués, ajoutaient une touche d'excitation et de camaraderie à nos aventures. Les regards complices échangés entre les protagonistes des deux rives témoignaient de la passion partagée pour la pêche et de la compréhension mutuelle des défis inhérents à ce sport. Les eaux claires des lacs étaient le théâtre d'une véritable communion entre les amoureux de la pêche, où l'adresse et le respect des autres pêcheurs étaient de mise.

La pêche sur ces lacs aux rives rapprochées n'était pas sans son lot d'aventures et de moments inattendus. De temps à autre, un buldo, propulsé par un pêcheur avec enthousiasme et habileté, pouvait prendre une trajectoire imprévisible, venant percuter la tête d'un pêcheur situé de l'autre côté du lac. C'était un incident comique, bien que parfois embarrassant, qui suscitait des sourires et des éclats de rire parmi les pêcheurs présents.

Le quota de vingt truites à capturer était en effet un défi que nous nous lancions à l'aube, et il demeure une énigme pour moi pourquoi nous partions si tôt, alors qu'en général, la mission était accomplie vers huit heures du matin. Peut-être était-ce l'appel de l'aventure, le désir de vivre pleinement chaque instant au bord de l'eau, ou encore le respect des traditions anciennes de nos aînés.

La magie de l'aube, le calme paisible du lac avant l'agitation diurne, tout cela pouvait être une source d'inspiration pour notre quête matinale. La pêche à la truite était bien plus qu'une simple collecte de poissons, c'était une expérience profonde, un rituel sacré en communion avec la nature. C'était le mystère de l'aube qui nous poussait à partir si tôt, en quête de ce moment unique où le monde s'éveillait autour de nous, en parallèle à notre quête de vingt truites.

Le "train de mouche," une méthode de pêche que nous pratiquions avec passion, était un véritable ballet aquatique. Un petit buldo prenait place en pointe de ligne, suivi de près par trois ou quatre mouches artificielles gracieuses. Lorsque nous ramenions lentement le buldo à la surface de l'eau, les petites mouches artificielles éffleuraient la surface, créant une séduction irrésistible pour les truites.

Le spectacle qui s'ensuivait était véritablement sublime. Les truites surgissaient des profondeurs, comme des créatures mystérieuses des eaux, happant les mouches avec une précision saisissante. L'eau scintillait de reflets argentés et de mouvements gracieux, tandis que la nature se livrait à une danse harmonieuse entre l'homme et la faune.

Le "train de mouche" était bien plus qu'une technique de pêche, c'était une célébration de la beauté naturelle, une communion entre l'artifice de nos leurres et la splendeur des créatures aquatiques. Ces instants de grâce, où la truite se laissait captiver par notre appât, demeurent dans nos mémoires comme des souvenirs inestimables de la magie des lacs à truites.

TRUITES A CASABLANCA

Dans les alentours de la magnifique Casablanca, à une dizaine de kilomètres de la ville, un trésor naturel se dévoila à nous. Une ancienne carrière, nimbée de mystère, se dressait dans ce coin de la campagne, où les eaux de la pluie, peut-être alimentées par de petites sources secrètes, dévoilaient leur clarté cristalline.

Là, dans ce cadre pittoresque, mon cousin et moi, jeunes aventuriers animés par l'audace de la jeunesse, fûmes touchés par une idée aussi folle que fascinante. Et si, nous sommes dit, nous introduisions des truites, celles-là mêmes qui naissaient dans la paisible pisiculture d'Azrou, dans ce sanctuaire naturel où la vie semblait reprendre ses droits ?

Cette idée, un tantinet farfelue, sembla soudain prendre racine dans notre imagination. Sans hésiter, nous décidâmes de passer à l'action. Il fallait concrétiser cette vision qui dansait dans nos esprits, une vision d'écosystème inédit, de truites se dévoilant dans un cadre inattendu.

Ainsi, mille cinq cents belles truites furent choisies, triées avec soin, puis, avec une précaution presque religieuse, elles furent acheminées jusqu'à leur destination, leur nouveau paradis aquatique. Un camion spécial, muni d'équipement pour assurer l'oxygène nécessaire à leur survie, fut le messager de cette aventure inédite.

Notre idée, bien que teintée de folie, portait en elle un souffle d'innovation, une volonté d'insuffler une nouvelle vie à ce coin de nature oublié. Les truites, symboles de beauté et de grâce, devinrent les héroïnes de cette histoire singulière, se lançant dans une quête à la fois audacieuse et poétique.

Au cœur de ces lieux bénis par la nature, où une carrière abandonnée prenait des allures de joyau aquatique, nous avions insufflé une âme nouvelle, un nom chargé de signification. Ainsi, la carrière, baignée dans l'éclat de ses eaux limpides, devint la "Carrière Diaz", un hommage affectueux, un écrin pour nos souvenirs.

C'était un trésor insoupçonné, cette carrière paisible, où les truites vivaient en harmonie avec l'environnement, à seulement quelques pas de notre résidence. La perspective de pêcher ces créatures majestueuses était une source d'émerveillement inépuisable, une invitation à plonger dans les mystères de l'eau, à explorer les secrets de la vie sous-marine.

C'est grâce à la complicité inestimable de mon fidèle cousin que j'ai découvert l'art noble de la pêche à la mouche, une technique aussi raffinée que royale. Il est devenu mon maître, mon guide dans cet univers captivant. Il m'a transmis bien plus que des astuces ; il m'a légué un savoir-faire ancestral, un héritage qui se perpétue de génération en génération.

Sous le ciel clair de la "Carrière Diaz", j'ai assimilé les subtilités de la pêche à la mouche. J'ai appris à danser avec la canne, à jouer avec les ombres et la lumière, à comprendre les caprices de la rivière. Chaque lancer était un poème en soi, chaque prise, une victoire sur la nature.

La pêche à la mouche est bien plus qu'une simple activité, elle est une communion avec l'eau, avec la nature, avec les générations qui nous ont précédés. Elle est un voyage au cœur de la patience, de la technique, et de la beauté. Elle est une leçon d'humilité, où l'homme se soumet aux caprices de la rivière, où la grâce de la truite émerveille l'âme du pêcheur.

Le lancer dans l'art de la pêche à la mouche est une danse silencieuse avec la nature, une symphonie de gestes fluides et gracieux qui se jouent au rythme du ruisseau. Dans cet éveil des sens, le pêcheur devient un artiste, maestro de la canne à pêche, chef d'orchestre des eaux scintillantes.

Au bout de sa ligne, il n'y a pas de leurres lourds ou d'appâts volumineux, mais de délicates créatures artificielles, des mouches si légères qu'elles semblent prêtes à s'envoler à la moindre brise. Elles n'ont pas de poids propre, et c'est là que réside la magie. C'est le fil de soie, fin et élégant, qui détient la clé des cieux aquatiques.

Avec un souffle retenu et la grâce d'un danseur, le pêcheur manie sa canne comme un archet sur les cordes d'un violon. La soie s'étire, se tend, puis s'envole dans un mouvement parfait, tranchant l'air tel un poème qui s'écrit sur l'eau. L'art du lancer à la mouche transcende la simple technique pour devenir une expérience méditative, une communion avec la rivière, , et le monde sauvage qui l'entoure.

Le pêcheur à la mouche, tel un peintre de paysages invisibles, créé des tableaux dans les esprits des observateurs, capturant la lumière du soleil dans les miroitements de la soie et la grâce des mouches en vol. Chaque lancer est une aquarelle, chaque capture est une œuvre d'art.

Ainsi, la "Carrière Diaz" fut le théâtre de cette aventure extraordinaire, le lieu où une passion est née, où une tradition a été transmise. Elle est devenue un endroit sacré, un sanctuaire de souvenirs, où l'amour pour la pêche à la mouche a pris racine, pour fleurir à jamais dans le jardin de notre héritage familial.

La pêche à la mouche se révéla à moi telle une énigme enchantée, une quête royale au cœur de l'art de la pêche. Elle devint la technique souveraine, la discipline la plus raffinée qui m'attirait dans son orbite étincelante. Au sein de la "Carrière Diaz", l'art de la pêche à la mouche se déployait dans toute sa splendeur, et la carrière, avec son eau translucide, se muait en un décor idyllique pour nos aventures.

Là, au cœur de ce refuge aquatique, nous naviguions sur des "float tubes", de modestes embarcations gonflées à l'air, semblables à des vaisseaux miniatures qui nous portaient sur les eaux miroitantes. Munis de nos palmes, nous devenions des nageurs gracieux, des danseurs aquatiques, glissant avec élégance à la surface de l'eau.

La pêche à la mouche dans ce cadre majestueux requérait une autre dimension de savoir-faire. Les soies plongeantes, armes secrètes de cette technique, permettaient de plonger dans les mystères des profondeurs aquatiques, de toucher l'inconnu qui se cachait sous la surface. Les mouches artificielles, fines œuvres d'art attachées aux lignes, dansaient dans l'eau, imitant les insectes naturels, séduisant les truites avec leur jeu délicat.

La "Carrière Diaz" devenait un lieu de réunion, un rendez-vous sacré où la famille et les amis se retrouvaient, unis par la passion commune pour la pêche à la mouche. Là, sur nos "float tubes", nous formions une communauté de pêcheurs, unie par le respect pour la nature et l'amour partagé pour cet art ancestral.

C'était un rituel, une célébration de la vie, où les générations se mêlaient, où les échanges de connaissances et d'histoires se tissaient, où les rires et les souvenirs s'entrelaçaient avec les reflets du soleil sur l'eau. La "Carrière Diaz" était bien plus qu'un simple site de pêche, elle était le théâtre de l'émerveillement, une école de patience et d'harmonie, une toile vivante où les moments précieux étaient tissés avec la soie de la passion.

BARRAGE MASSIRA

Le Barrage Massira, jadis, était un joyau cristallin niché à mi-chemin entre les cités légendaires de Casablanca et Marrakech, dans une contrée désolée, aride, où la nature avait peine à trouver son souffle. Ici, la terre était avare, ses secrets enfouis sous un manteau de sable brûlant, et la soif régnait en maîtresse tyrannique.

Au bord de ce lac éphémère, quelques âmes végétales résistaient à la sécheresse implacable. De modestes arbres, fragiles sentinelles, encerclaient l'étendue d'eau, se drapant d'une parure verte et luxuriante en dépit des conditions adverses. Leurs racines se cramponnaient avec acharnement au sol aride, et leurs branches, dans un élan de persévérance, s'étiraient vers le ciel, bravant les assauts impitoyables du soleil du désert.

Le Barrage Massira, avec son miroir d'eau resplendissant, était une oasis fugace dans ce paysage désertique, un mirage de quiétude au cœur de l'aridité. Les voyageurs en quête de répit y trouvaient un havre de paix, une pause dans leur périple sous l'implacable soleil du Maroc.

Il était un témoin silencieux des saisons, reflétant le bleu azur du ciel en journée et la lueur argentée de la lune la nuit. Les étoiles scintillaient à sa surface, comme autant de promesses éphémères dans ce désert infini.

Le Barrage Massira était bien plus qu'une simple étendue d'eau dans un désert impitoyable. Il était une métaphore vivante de la ténacité de la vie, un rappel de la beauté qui peut surgir même dans les endroits les plus inhospitaliers. Ce lac, avec ses modestes arbres, était un hymne à la persévérance, une ode à la nature qui persiste, une oasis de rêves dans un monde aride.

Au sein de ces eaux célèbres du Barrage Massira, nageaient majestueusement des créatures magnifiques, connues sous le nom de Black Bass, des spécimens d'une taille impressionnante, certains dépassant allègrement la barre des quatre kilogrammes. Leur présence insaisissable était un secret bien gardé, un trésor caché au cœur de ces eaux tranquilles.

Les pêcheurs chevronnés qui s'aventuraient sur le lac savaient que la chasse à ces trésors aquatiques nécessitait une patience et une habileté exceptionnelles. Ils maîtrisaient l'art subtil de la pêche aux leurres artificiels, maniant avec grâce poissons nageurs, cuillères étincelantes, et appâts de ver à l'américaine.

Les Black Bass étaient des créatures rusées, des ombres insaisissables dans les profondeurs du lac. Ils dansaient avec grâce, séducteurs et mystérieux, parmi les reflets du soleil couchant à la surface de l'eau. Pour les capturer, il fallait comprendre leur nature, les tromper avec une finesse digne d'un virtuose, en imitant leurs proies naturelles avec une précision exquise.

Chaque partie de cette quête était une danse entre l'homme et la nature, une symphonie d'adresse et de ruse, une quête pour conquérir ces trésors liquides qui résidaient au cœur du Barrage Massira. Les pêcheurs cherchaient dans l'harmonie de cette lutte, une communion profonde avec la nature et la promesse de capturer un de ces précieux Black Bass, pour honorer leur beauté et leur mystère.

Ainsi, dans le silence des eaux du Barrage Massira, les pêcheurs dédiaient leur temps, leur patience et leur expertise à la poursuite de ces créatures légendaires. Leur récompense était bien plus que la simple capture d'un poisson, c'était l'expérience inestimable de la danse éternelle entre l'homme et la nature, une symphonie vivante qui se jouait sous les rayons du soleil du Maroc.

J'avais acquis un modeste bateau Zodiac, une embarcation qui allait devenir le vaisseau de nos rêves de pêche, une quête singulière pour les Black Bass qui résidaient au sein du Barrage Massira. Chaque matin, à l'heure où l'aube effleurait à peine l'horizon, mon frère, mon cousin et moi nous hâtions vers un rendez-vous bien particulier. Notre guide et compagnon d'expédition, Rachid, maître pêcheur de renom, nous attendait avec une aura de mystère.

Rachid était un homme extraordinaire, un virtuose dans l'art de la pêche de ces poissons légendaires. Son expérience était une bibliothèque de secrets transmis de génération en génération. Chaque rencontre avec lui était une leçon, une plongée profonde dans l'histoire et la sagesse de ces eaux sacrées.

La première étape de notre rituel matinal consistait en un arrêt chez Rachid, sous les ombres mouvantes d'un bougainvillier centenaire. Le doux parfum de la menthe fraîche flottait dans l'air tandis que Rachid préparait pour nous un thé à la menthe, délicatement sucré, comme s'il voulait éveiller nos sens et nos esprits avant l'aventure à venir.

Le temps s'écoulait en une mélodie paisible, le temps de la dégustation du thé, l'échange de sourires complices, et la transmission de précieuses anecdotes. C'était une initiation dans un monde sacré de la pêche, un avant-goût de la profonde connexion entre l'homme, la nature et le poisson.

Ensuite, la préparation du Zodiac prenait place, un rituel minutieux, presque sacré. Rachid, avec un doigté expert, s'assurait que l'embarcation était prête pour la journée à venir. Le bateau se glissait en douceur sur les eaux sombres du barrage, tandis que les reflets de l'aube se mêlaient à la surface.

Lorsque nous étions prêts, nous mettions à l'eau notre vaisseau, nous confiant aux mains expertes de Rachid, dont les gestes étaient une symphonie de connaissance et de confiance. Avec lui comme capitaine, le Zodiac devenait un vaisseau d'espoir, une passerelle entre notre monde et celui des Black Bass, où chaque lever de soleil était une promesse de découverte et d'aventure.

Et ainsi, nous nous lançâmes à l'aventure, l'embarcation à nous quatre, voguant vers les mystères du Barrage Massira. Rachid, notre guide sage et avisé, possédait une connaissance inégalée des moindres recoins de ce lac magique, des spots de pêche que lui seul avait explorés avec passion et persévérance.

Les souvenirs se bousculent, alors que nous mettions les gaz à fond du moteur, déchaînant une puissance incontrôlable qui propulsait notre bateau sur les eaux miroitantes. Les vagues se formaient à l'arrière de notre passage, un sillage de mousse blanche et d'écume, tandis que le vent fouettait nos visages. L'embarcation semblait presque voler, lévitant sur l'eau, comme si elle était mue par une force mystique.

De temps à autre, notre esprit espiègle prenait le dessus, et nous choisissions de zigzaguer, de défier les eaux du lac dans une danse effrénée. C'était une invitation à l'adrénaline, un jeu enfantin avec les forces de la nature. Mon frère, téméraire et plein d'enthousiasme, était notre crieur en chef, ses exclamations mêlées de joie et de taquinerie, nous incitant à pousser les limites de la navigation.

Le lac s'étendait infini devant nous, un tableau sans fin de calme et de mystère, un royaume où les Black Bass régnaient en souverains insaisissables. Notre bateau, sous la direction habile de Rachid, était notre vaisseau dans ce monde d'émerveillements et d'énigmes, naviguant avec grâce et puissance.

Ainsi, les souvenirs de nos escapades matinales étaient une mosaïque d'aventures audacieuses, de rires et de défis, une célébration de notre lien spécial avec le Barrage Massira et ses hôtes mystérieux. Chaque zigzag, chaque éclat de rire, chaque cri de mon frère étaient des notes dans la symphonie inoubliable de nos excursions de pêche.

Une fois arrivés au bon endroit, les cannes étaient rapidement sorties et apprêtées avec soin, chaque leurre minutieusement attaché. Dès les premiers lancers, les black-bass semblaient prêts à fondre sur les leurres. Cependant, il arrivait parfois qu'une certaine période s'écoule sans la moindre touche. Dans de tels moments d'attente, nous faisions preuve de patience, attendant patiemment que les plus gros spécimens, dépassant allègrement le kilo, mordent à l'hameçon. Tous les autres, plus modestes en taille, étaient respectueusement relâchés dans leur élément naturel, revenant ainsi à l'eau pour poursuivre leur vie paisible.

Vers l'heure du déjeuner, une douce mélodie du temps nous incitait à naviguer vers de modestes îles, notre havre de paix pour la pause méridienne. C'était l'occasion de savourer de simples casse-croûtes, préparés avec amour, accompagnés de quelques bières fraîches qui pétillaient sous le soleil ardent. Parfois, en plein cœur de l'été, lorsque le mercure dépassait allègrement les quarante-cinq degrés, la tentation de plonger dans les eaux cristallines de ces îles devenait irrésistible. La chaleur écrasante incitait à s'évader dans les vagues rafraîchissantes, offrant un réconfort bienvenu sous ce soleil brûlant.

Ces moments inoubliables étaient tissés de souvenirs précieux, de fous rires qui résonnaient comme une mélodie enchantée, et de la découverte de magnifiques poissons au sein de ce lac envoûtant. Chacun de ces instants gravés dans notre mémoire semblait faire partie intégrante de la magie qui enveloppait cet endroit, un sanctuaire où la nature déployait ses merveilles sous nos yeux émerveillés. Chaque poisson capturé était comme un trésor que nous gardions dans notre cœur, une preuve tangible de notre connexion avec ce lieu mystique.

EXPEDITION LAC TAMDA

Le légendaire lac Tamda, réputé pour sa splendeur et son merveilleux environnement, avait captivé notre imagination bien avant notre arrivée. Les premiers échos de sa renommée nous parvinrent par le biais de voyageurs espagnols, intrépides explorateurs de la nature et passionnés de pêche, venus pour percer les mystères des truites farios, ces espèces uniques qui peuplaient les eaux cristallines de ce lac. Leurs récits nourrissaient notre désir d'arpenter ce territoire encore inconnu, où la nature préservée promettait de nous révéler ses trésors les plus précieux.

Niché au cœur des majestueuses montagnes du Haut Atlas, le lac Tamda reposait à une altitude d'environ trois mille mètres, défiant ainsi les cieux. Sa position en surplomb offrait une perspective unique sur le monde en contrebas, où les sommets imposants se mêlaient au firmament d'une manière qui éveillait l'âme à la beauté brute de la nature. Ce lac, perché dans les hauteurs, était une perle rare, un joyau d'altitude qui nous invitait à vivre une expérience hors du commun, au plus près des cieux.

L'expédition de pêche à la truite dans le lac Tamda s'annonçait comme une aventure physique, car aucune voie d'accès préétablie ne nous menait à ce paradis de pêche bien caché. Cependant, notre détermination à vivre cette expérience unique nous avait poussés à tout anticiper, à préparer soigneusement notre séjour d'une semaine. Les défis du terrain escarpé, les sentiers à tracer au fil.

L'organisation de notre expédition de pêche à la truite sauvage était réglée comme du papier à musique, chaque note jouant harmonieusement son rôle. Notre groupe était composé de mon père, de mon oncle, de deux cousins, ainsi que de deux guides étrangers venus de Marrakech, tous animés par la passion de cette aventure unique. Pour atteindre notre destination reculée, nous avions également avec nous les guides de mules, précieux compagnons de notre voyage, car le lac Tamda se trouvait à environ six heures de marche à travers des sentiers escarpés et pittoresques. Tous ensemble, nous formions une équipe solide et déterminée, prête à défier les montagnes pour la promesse de truites sauvages et d'un séjour mémorable.

Après six heures d'ascension à travers les sentiers rocailleux et les sommets, une vision s'offrit enfin à nos yeux épuisés : le fameux lac Tamda. Son apparition fut un instant divin, une révélation de beauté inimaginable, une lueur d'exception au cœur de l'impénétrable forêt de montagnes. Le lac, tel un joyau précieux, brillait avec une intensité magnétique au milieu de ce paysage majestueux. Les rayons du soleil caressaient ses eaux, créant une toile de mille étincelles qui dansaient sur la surface, évoquant un miroir divin entre ciel et terre. Ce spectacle nous rappela la grandeur de la nature, capable de nous offrir des trésors d'une splendeur insoupçonnée, une récompense précieuse pour notre persévérance.

Lorsque nous atteignîmes enfin les rives du lac, notre groupe au complet s'aligna pour admirer ce panorama enchanteur, à l'exception de mon frère bien-aimé, qui fit son entrée avec une heure de retard, manifestement épuisé et couvert de sueur. Son retard ne fit que renforcer le caractère mémorable de notre aventure.

Une fois réunis, nous entreprîmes de décharger le précieux matériel transporté par nos mules résolument endurantes. Les bêtes portaient sur leur dos un trésor de nécessités pour notre séjour : tente pour l'abri, table pour partager nos repas, matelas gonflables pour les nuits à la belle étoile, provisions de nourriture pour sustenter nos appétits affûtés par l'effort, et bien sûr, tout l'équipement de pêche nécessaire pour notre quête des truites sauvages. Notre campement prenait forme, témoignant de notre résolution à profiter pleinement de notre séjour au bord de ce lac magnifique.

Une fois que nos tentes furent solidement dressées, nous ressentîmes une certaine tranquillité, bien que nous soyons conscients des orages dévastateurs qui pouvaient éclater dans cette région. La majesté de la nature était présente tout autour de nous, mais aussi sa puissance indomptable. La météo de ces montagnes était imprévisible, et les orages pouvaient survenir brusquement, apportant avec eux des torrents de pluie et des éclairs qui déchiraient le ciel. Néanmoins, nous étions prêts à faire face à ces éléments, armés de notre équipement de camping robuste et de notre détermination à vivre pleinement cette expérience au cœur de la nature sauvage.

Après une brève collation, que l'excitation de pêcher la truite fario à la mouche avait rendue bien légère, nous étions prêts à faire nos premiers lancers. C'était un moment d'extase, un véritable paradis pour les pêcheurs, alors que nos lignes s'entrelaçaient avec grâce dans l'air et s'abattaient doucement sur les eaux claires du lac,la peche à la cuillère était un avant-gout, pour tester madame fario.

Les truites étaient à la hauteur de leur réputation, délicates et farouches, une source inestimable de plaisir pour les amateurs de pêche à la mouche. Une fois capturées, elles arboraient une robe d'une beauté singulière, d'un jaune délicat ponctué de taches rouges, une parure naturelle digne de l'endroit magnifique où nous nous trouvions. Après les avoir appréciées pour leur splendeur, nous les relâchions, les laissant retourner dans les eaux du lac pour perpétuer leur légende de truites fario majestueuses. Chaque capture et chaque libération étaient une bénédiction, une communion avec la nature qui nous entourait, dans ce sanctuaire de pêche préservé.

Au sein de ce lac d'une taille modeste, notre aventure débuta. Nous nous préparâmes avec une diligence presque rituelle, gonflant nos floats tubes d'air, chaussant nos palmes, enfilant nos waders qui, telles des armures aquatiques, nous protégeaient de la fraîcheur des eaux. Ainsi équipés, nous voilà prêts à partir, à naviguer sur les ondes tranquilles de ce miroir naturel, témoin silencieux des secrets qu'il renfermait.

Les truites, ces perles des profondeurs, semblaient se dissimuler à une certaine hauteur sous la surface, jouant avec la lumière qui pénétrait timidement dans leurs demeures subaquatiques. Pour les approcher, il nous fallait plonger, non seulement nos regards, mais aussi nos lignes. C'est pourquoi nous avions opté pour des soies plongeantes, des complices silencieuses qui nous permettaient de descendre vers le mystère des profondeurs.

Une fois la soie lancée, la précision et le contrôle devenaient primordiaux. Avec une patience mesurée, telle une incantation à la nature, nous comptions silencieusement jusqu'à vingt. C'était la durée parfaite pour que notre mouche artificielle, atteigne la profondeur désirée, là où les truites dansaient parmi les reflets aquatiques. L'eau, cristalline et vibrante, semblait retenir son souffle à l'approche de cet instant.

Soudain, dans une explosion de mouvement et d'émotion, c'était la touche tant attendue, un frisson de folie qui parcourait nos bras. La canne pliait sous la tension, les pulsations du lac résonnaient dans nos poitrines. Une truite majestueuse, aux écailles argentées et irisées, s'était saisie de notre appât avec une grâce inouïe. Là, dans l'effervescence de l'instant, elle se dévoilait à nous, une créature magnifique et sauvage.

C'était l'épiphanie de la pêche, l'instant où le pêcheur et le poisson s'entrelaçaient dans une danse éphémère mais inoubliable. Ces moments, fugaces mais éternels, nous rappelaient la splendeur de la nature, sa mystérieuse générosité, et la communion qui naissait entre l'homme et le monde aquatique. Dans les eaux tranquilles de ce lac modeste, nous vivions une aventure qui transcenderait le simple acte de la pêche pour devenir une expérience mémorable, un instant de magie au cœur de la nature.

Certaines des truites que nous attrapions, de belles tailles, étaient réservées pour notre repas du soir. C'était mon fidèle cousin qui endossait le rôle de chef cuisinier et préparait ces délices à sa manière unique. Sa recette, gardée précieusement secrète, était un vrai trésor gastronomique. Chaque bouchée était une explosion de saveurs, une harmonie entre le goût frais des truites et les épices bien dosées. Le repas du soir devenait un moment de festin, une célébration de notre journée de pêche réussie, où les mets délicieux venaient couronner nos aventures au bord du lac Tamda. C'était une expérience qui nourrissait non seulement nos corps, mais aussi nos âmes, scellant notre lien profond avec la nature et la passion de la pêche.

Le soir, après un dîner bien mérité et succulent préparé avec les truites que nous avions capturées, chacun d'entre nous prenait place autour du feu de camp. Les flammes dansaient au rythme de nos rires et de nos discussions animées. C'était le moment où chacun partageait ses récits de pêche, racontant avec enthousiasme les aventures de la journée et les combats épiques avec ces truites fario farouches.

La soirée était bercée par l'échange de techniques de pêche, chaque pêcheur partageant ses astuces et secrets, évoquant les subtilités de la pêche à la mouche, les choix de leurres, et les stratégies pour appâter les truites. Ces conversations passionnées créaient un lien indescriptible entre nous, renforçant notre camaraderie et notre amour commun pour la pêche. C'était un moment de partage où la magie de l'expérience du lac Tamda se prolongeait bien après le crépuscule, illuminant nos cœurs de souvenirs impérissables.

Je me souviens particulièrement de cette première nuit inoubliable. Une fois blottis dans nos tentes, un fracas assourdissant déchira le silence, un tonnerre retentissant qui semblait secouer la terre. Un vent d'une puissance inouïe s'abattit sur notre campement, faisant plier les tentes et rugir les éléments. Les petites tentes, robustes malgré leur apparence modeste, tinrent bon face à cette tempête déchaînée.

Cependant, la tente que je partageais avec mon père et mon frère ne résista pas à la fureur des éléments. Les arceaux en aluminium, qui semblaient indestructibles, se brisèrent sous la pression du vent déchaîné. La toile de tente, telle une voile dans la tempête, s'envola, laissant notre abri à la merci des éléments. C'était un moment de chaos, d'adrénaline et de solidarité, où nous nous sommes rapidement rassemblés pour protéger ce qui pouvait l'être. Malgré ce défi inattendu, cette nuit restera à jamais gravée dans ma mémoire, une preuve de la force de la nature et de notre capacité à faire face à l'incertitude des grands espaces.

Après l'effondrement de notre tente et pour le reste de la nuit, je trouvai refuge sous la table à manger, à la belle étoile. Les étoiles scintillaient au-dessus de moi, et malgré les circonstances difficiles, il y avait une certaine beauté dans ce moment. Cependant, au loin, à travers les montagnes, les hurlements des hyènes résonnaient dans l'obscurité. Leurs cris étaient à la fois mystérieux et impressionnants, rappelant que la nature sauvage, même la nuit, continuait à vivre et à s'exprimer.

Le séjour de pêche à la mouche au lac Tamda demeure une merveilleuse expérience gravée dans ma mémoire. La splendeur des paysages montagneux, la grâce des truites fario sauvages et la communion avec la nature ont fait de cette aventure un souvenir inoubliable. Chaque instant, des rires autour du feu de camp aux défis posés par les éléments, a contribué à créer une expérience authentique et riche en émotions. Le lac Tamda a su nous enchanter de sa magie, laissant une empreinte indélébile dans nos cœurs, un trésor à chérir pour les années à venir.

RIVIERE OUM R'BIA

La rivière Oum Rbia, c'est là où j'ai effectué mes premiers essais à la pêche à la mouche en eau vive. C'est pourquoi elle revêt une signification toute particulière à mes yeux.

Située à environ quatre cents kilomètres de Casablanca, nichée dans le Moyen Atlas à proximité de la ville de Khenifra, la rivière Oum Rbia possède une eau d'une clarté cristalline. Ce qui rend cette rivière si unique, c'est qu'elle est alimentée par des sources d'eau salée, ce qui lui vaut le surnom de "rivière salée".

Les fins de semaine, nous nous rendions sur les rives de cette rivière, mon père, mon frère, et mon cousin m'accompagnaient. À notre arrivée, un accueil chaleureux nous était réservé par une famille Berbère, établie en surplomb de la rivière.

La bonté de cette famille restera à jamais gravée dans ma mémoire. Leur accueil était d'une sincérité et d'une chaleur inoubliables. Ils avaient généreusement mis à notre disposition une modeste maison en pierres de taille, nichée au cœur de la rivière, là où les eaux se scindaient en deux bras distincts.

En ces temps lointains, la pêche à la mouche dans cette rivière était un véritable festin pour les sens. Les courants y étaient impétueux, formant des pools majestueux. De magnifiques truites arc-en-ciel ainsi que de superbes farios peuplaient ces eaux, offrant des moments de pêche inoubliables.

Le charme ineffable de cette rivière résidait dans le fait qu'elle était ourlée de lauriers-roses, dont les douces floraisons encadraient ses rives. Les sources salées, telles des veinules vivifiantes, serpentaient à travers les lauriers pour finalement se déverser dans les eaux de la rivière, créant ainsi une scène naturelle d'une beauté saisissante.

Un matin mémorable, bien avant que le soleil ne répande sa lumière, je me suis dirigé vers un coin particulier de la rivière. Là, un vaste plateau d'eau, calme et tranquille, s'étendait devant moi. J'ai entamé la danse des mouches sèches, des séduisantes imitations de sedges en surface. C'est alors que j'ai eu le privilège de voir ces truites majestueuses surgir de l'onde, ouvrant goulûment leurs gueules pour s'emparer de mes artificielles. Un spectacle grandiose, une scène de la nature d'une beauté ineffable, gravée à jamais dans les méandres de ma mémoire.

Après de longues et épuisantes journées de pêche à la mouche, nous regagnions notre humble demeure au cœur de la rivière. Mon fidèle cousin se faisait le chef d'orchestre de notre cuisine, préparant avec adresse de magnifiques truites, cuisinées selon sa recette secrète, un délice authentique. Puis, dans l'apaisante lueur du crépuscule, autour d'un feu crépitant, chacun de nous narrait les exploits de sa journée de pêche, partageant des récits empreints d'aventure et de camaraderie.

Lorsque nous nous étendîmes délicatement sur nos matelas gonflables, la douceur de la nuit s'empara de notre être, enveloppant nos âmes dans un cocon de quiétude. Le doux murmure de la rivière, telle une mélodie fluide et apaisante, se fit entendre, tandis que ses eaux scintillantes poursuivaient leur voyage éternel à travers la vallée.

Dans le silence de la nuit, une symphonie discrète de sons de la nature commença à se déployer. Les oiseaux, éclairés par les étoiles, entamèrent un gazouillement harmonieux, comme s'ils célébraient la beauté tranquille de la nuit. Leurs voix légères s'élevaient, tissant un tapis sonore dans l'obscurité, et nous sentions que la nature elle-même était notre compagne silencieuse.

Allongés sous le firmament étoilé, nous étions bercés par ces sons naturels, ressentant une profonde connexion avec l'univers qui nous entourait. La rivière continuait son récit liquide, les oiseaux partageaient leurs secrets nocturnes, et nous, dans nos lits flottants, étions plongés dans un rêve éveillé, unissant nos esprits à la symphonie de la nuit.

Au cours de nos paisibles séances de pêche, nous fûmes les témoins d'un spectacle rare et magnifique. Alors que le soleil jouait à cache-cache avec les reflets de la rivière, des créatures énigmatiques émergèrent des eaux miroitantes. Les loutres, ces maîtresses des profondeurs, se montrèrent sous la caresse de la lumière du jour.

Leurs silhouettes graciles se dessinèrent, tantôt en plongée profonde, tantôt émergeant à la surface, pareilles à des éclairs furtifs dans ce monde liquide. Leurs yeux pétillants de curiosité scrutaient la rivière avec une intensité singulière, tandis qu'elles traquaient habilement les truites, leurs proies élusives.

À chaque tête émergeant de l'eau, à chaque plongeon gracieux, les loutres déployaient un ballet de grâce et de précision. Leurs mouvements étaient synchronisés comme une chorégraphie naturelle, une danse aquatique dont nous étions les spectateurs émerveillés. Les reflets chatoyants du soleil sur leurs pelages mouillés ajoutaient une touche d'irréel à cette scène inoubliable.

C'était comme si la rivière elle-même avait décidé de nous offrir ce tableau vivant, une ode à la beauté de la nature et à la majesté des créatures sauvages. Nous observions, ébahis, ces loutres, gardiennes du royaume aquatique, accomplissant leur quête quotidienne avec une élégance qui nous rappelait la poésie vivante de la nature.

RESERVOIR AMGHAS III

Au cœur de la région d'Azrou, niché dans la douce vallée, repose le délicat trésor qu'est le lac Hamghass 3. C'est un écrin d'eau paisible, un refuge pour les âmes en quête de quiétude et d'aventure aquatique. Les reflets miroitants de son miroir liquide semblent capturer le firmament azuré, créant une toile de beauté éphémère où le ciel et la terre se confondent.

Ce joyau aquatique, modeste par sa taille mais grand par sa splendeur, est le terrain de jeu privilégié des adeptes de la pêche à la mouche. Ici, les pêcheurs trouvent leur havre de paix, un sanctuaire où les rivières chantent leur mélodie tranquille et où les truites dansent dans les eaux limpides.

Mais le lac Hamghass 3 est bien plus que cela. Il est le lieu de rencontres, de partage, de communion entre les moucheurs. Sous le doux murmure du vent et le chant des oiseaux, des amitiés se tissent, des anecdotes se racontent, et des secrets de pêche se dévoilent. C'est un lieu où l'expérience se transmet de génération en génération, où les passionnés échangent des récits qui deviennent légendaires.

Le "No Kill" est la loi sacrée de ces eaux. Chaque prise, chaque truite capturée, est marquée par l'engagement de la relâcher, de permettre à ces créatures des profondeurs de poursuivre leur vie sauvage. La pêche devient ainsi un acte de respect envers la nature, une manière de préserver la richesse fragile de ces lieux.

Le lac Hamghass 3 est un petit paradis, un fragment d'éden aquatique où les passions s'épanouissent, où la nature se dévoile dans toute sa splendeur, et où les rêves des pêcheurs à la mouche prennent leur envol à chaque lancé de ligne. C'est un endroit où le temps ralentit, où l'esprit s'apaise, et où l'âme se laisse emporter par la sérénité de l'eau qui coule, éternelle, à travers les âges.

Au sein de ce prestigieux lac, des créatures extraordinaires se nichent, apportant un sourire radieux aux visages des pêcheurs. Ici, les truites arc-en-ciel règnent en maîtres incontestés, leurs tailles défiant l'imagination. Certaines d'entre elles s'aventurent bien au-delà des trois ou quatre kilos, se transformant ainsi en des mastodontes aquatiques.

Chaque instant passé au bord de l'eau se transforme en un défi palpitant, en une épreuve de force et d'habileté. Lorsque l'hameçon se referme sur l'une de ces truites colossales, c'est un combat épique qui commence, un duel entre l'homme et la nature, une danse envoûtante où la soie de pêche s'envole et le backing s'épuise inexorablement.

Les truites géantes de ce lac, avec leur grâce majestueuse, offrent des affrontements inoubliables. Chaque coup de queue puissant, chaque tiraillement féroce, chaque saut hors de l'eau, tout cela compose une symphonie d'action frénétique. Le pêcheur, concentré et déterminé, doit faire preuve de finesse pour prendre l'ascendant sur ces créatures insaisissables.

Dans les eaux enchanteresses de ce lac magnifique, ma sœur chérie contracta la passion irrésistible de la pêche à la mouche. Au fil des ans, son art s'épanouit, la hissant au rang de véritable virtuose des lacs à truites, et elle fut couronnée du doux surnom de "Madame Amghass".

Chaque instant passé en compagnie de ces monstres aquatiques est une aventure inoubliable, une expérience qui fait battre le cœur et qui laisse des souvenirs gravés dans l'âme. Les truites arc-en-ciel du lac, avec leur mystère et leur splendeur, deviennent les légendes vivantes de ces eaux.

HAKIM

Il serait inconcevable de clore ce récit sans évoquer mon cher ami berbère, Hakim. Né au bord de la majestueuse rivière Oued Guigou, sa vie était intimement liée aux eaux douces dès son plus jeune âge. J'ai entamé mon périple de pêche aux côtés de son père, un pêcheur émérite, et c'est ainsi que j'ai fait la connaissance d'Hakim alors qu'il n'était encore qu'un garçonnet de dix ans. À l'époque, nul ne pouvait prédire la trajectoire exceptionnelle qui l'attendait.

Au fil des années, Hakim est devenu un homme accompli et m'a rejoint dans toutes nos aventures de pêche. Son talent en eaux douces est tout simplement phénoménal, et à mes yeux, il incarne l'excellence de l'art de la pêche dans le Moyen Atlas. Doté d'une intuition presque surnaturelle, il semble avoir un sens inné de l'eau, capable de discerner les moindres signes, les courants les plus subtiles et les repaires secrets des truites.

Là où d'autres pêcheurs peuvent capturer trois poissons, Hakim en saisit au moins neuf de plus, faisant preuve d'une dextérité et d'une maîtrise inégalées. Il est le gardien des mystères des eaux douces, un virtuose dont les prouesses fascinent et inspirent. Hakim est bien plus qu'un ami, c'est un compagnon de pêche hors pair, un homme de la nature dont la sagesse et le savoir-faire n'ont d'égal que l'immensité de ses horizons aquatiques. Il demeure, pour moi, une source d'inspiration inestimable dans l'univers de la pêche.

HISTOIRE DE LA PECHE A LA MOUCHE

La pêche à la mouche est une technique de pêche qui consiste à utiliser une imitation de mouche, généralement fabriquée à partir de fils de soie, de poils et de plumes, pour attirer les poissons et les inciter à mordre à l'hameçon. Cette technique de pêche est très populaire dans le monde entier et est utilisée pour pêcher de nombreuses espèces de poissons, notamment la truite, la saumon et le brochet. Mais comment est-elle apparue ? Comment s'est-elle développée au cours des siècles.

L'histoire de la pêche à la mouche remonte à l'Antiquité, lorsque les Égyptiens et les Grecs utilisaient déjà des mouches artificielles pour pêcher dans les rivières et les lacs. La pêche à la mouche a également été pratiquée en Chine depuis au moins le troisième siècle avant J.-C., lorsque les pêcheurs utilisaient des mouches en soie pour attirer les poissons.

En Europe, la pêche à la mouche a connu un grand développement au Moyen Âge, grâce à l'influence de l'abbaye de Saint-Gall en Suisse, où les moines ont commencé à utiliser des mouches artificielles pour pêcher dans les rivières et les lacs de la région, puis grâce à la littérature et la culture anglaises.

En Angleterre, la pêche à la mouche était considérée comme un sport prestigieux, réservé à la noblesse et à la bourgeoisie. Les premières mentions écrites de la pêche à la mouche en Angleterre datent du xive siècle et sont attribuées à l'écrivain et pêcheur à la mouche Izaak Walton, qui a écrit le célèbre "The Compleat Angler" . Ce livre, publié en 1653, a popularisé la pêche à la mouche auprès des amateurs de sports de plein air et a contribué à en faire un passe-temps très populaire en Angleterre.

Au cours des siècles suivants, la pêche à la mouche a continué à se développer en Angleterre, grâce à l'influence de nombreux pêcheurs et écrivains célèbres, tels que G.E.M. Skues et J.R. Hartley. Ces pionniers de la pêche à la mouche ont contribué à populariser cette technique de pêche auprès des amateurs de sports de plein air et à en faire un sport de haut niveau.

En France, la pêche à la mouche a également été très populaire à partir du 18ème siècle, grâce à l'influence de la littérature anglaise et de la création de sociétés de pêche à la mouche. Un des premiers écrits sur la pêche à la mouche en France est le “Traité de la pêche à la mouche” de Georges-Marie Haentjens, publié en 1770.

Au cours du 19ème siècle, la pêche à la mouche a connu une véritable révolution grâce aux progrès techniques qui ont permis de fabriquer des mouches artificielles de manière plus précise et de qualité supérieure. Les pêcheurs ont également commencé à utiliser des cannes à pêche spécialement conçues pour la pêche à la mouche, ainsi que des moulinets et des lignes de pêche spécifiques.

Aujourd’hui, la pêche à la mouche est pratiquée dans le monde entier et reste très populaire auprès des amateurs de pêche. Aujourd’hui, elle est pratiquée dans de nombreux pays, notamment aux États-Unis, au Canada, en Europe, au Maroc et en Australie. Elle est également devenue un sport professionnel, avec de nombreux tournois et compétitions organisés chaque année. La pêche à la mouche est également reconnue comme une activité écologique, car elle permet de préserver les écosystèmes aquatiques et de protéger les espèces de poissons. Aujourd’hui, la pêche à la mouche est pratiquée par des millions de personnes dans le monde entier, et elle reste une activité passionnante et captivante pour tous ceux qui s’y adonnent.

Les beautés naturelles, écrins de toutes nos pêches, ont ce critère parfait : la pérennité d'amour qu'elles savent inspirer.

La terre marocaine est ainsi ; de même que de longs éloignements ne créeraient pas l'oubli, des années d'accoutumance, loin d'apporter la satiété, mènent au contraire à une grandissante ferveur. A un amour si étendu, en si perpétuel devenir, qu’il ne s'explique plus par le concret des choses.

Djebels majestueux, oueds frémissants, lacs baignés de lumière, cédraies et chênaies opulentes, douars fauves ou gris cascadant sur les pentes, kasbas hiératiques, hautes vallées perdues, horizons faits de mille mers changeantes, tout cela est beau et magnifiquement beau.

Mais au-delà encore, bien au-dessus des yeux et de l'esprit humain, monte l'indéfinissable, le pur envoûtement, inaccessible à la pensée et aux mots, d’une terre pareille à aucune autre.

Table des matières

I want morebooks!

Buy your books fast and straightforward online - at one of world's fastest growing online book stores! Environmentally sound due to Print-on-Demand technologies.

Buy your books online at
www.morebooks.shop

Achetez vos livres en ligne, vite et bien, sur l'une des librairies en ligne les plus performantes au monde!
En protégeant nos ressources et notre environnement grâce à l'impression à la demande.

La librairie en ligne pour acheter plus vite
www.morebooks.shop

info@omniscriptum.com
www.omniscriptum.com

Printed by Books on Demand GmbH, Norderstedt / Germany